汉语水平考试真题集
HSK 五级 2018版

Official Examination Papers of HSK (Level 5)

图书在版编目（CIP）数据

汉语水平考试真题集：HSK．五级：2018版／孔子学院总部，国家汉办编制．—北京：人民教育出版社，2018.7（2019.11重印）
ISBN 978-7-107-33009-4

Ⅰ．①汉…　Ⅱ．①孔…②国…　Ⅲ．①汉语—对外汉语教学—水平考试—习题集　Ⅳ．①H195.6

中国版本图书馆CIP数据核字（2018）第178425号

汉语水平考试真题集HSK五级（2018版）

出版发行　人民教育出版社
（北京市海淀区中关村南大街17号院1号楼　邮编：100081）

网	址	http://www.pep.com.cn
经	销	全国新华书店
印	刷	北京盛通印刷股份有限公司
版	次	2018年7月第1版
印	次	2019年11月第4次印刷
开	本	890毫米×1 240毫米　1/16
印	张	9.5
字	数	200千字
定	价	76.00元

版权所有·未经许可不得采用任何方式擅自复制或使用本产品任何部分·违者必究
如发现内容质量问题、印装质量问题，请与本社联系。电话：400-810-5788

监　　制　李佩泽　施　歌

策　　划　张　园　李亚男

编　　委　（按姓氏笔画顺序排列）

　　　　　　于　艳　王之岭　王亚男　白冰冰　刘小龙

　　　　　　汤　旭　李惠姣　李群锋　杨琳静　张　欣

　　　　　　欧阳潭　赵　璇　黄　蕾　解妮妮

责任编辑　王世友

封面设计　张傲冰

前 言

汉语水平考试（HSK）是孔子学院总部/国家汉办主办，汉考国际研发、实施的一项国际汉语能力标准化考试，重点考查汉语非第一语言的考生在生活、学习和工作中运用汉语进行交际的能力。

HSK 于 1984 年立项研发，1991 年正式开考。2009 年，为适应汉语国际推广新形势，孔子学院总部/国家汉办遵循"考教结合"的原则对 HSK 进行改版，增加了考试级别，扩大了考试覆盖面。2014 年出版《HSK 标准教程》，2015 年修订《HSK 考试大纲》，逐步形成了"教—学—考"三位一体的汉语综合能力培养体系。

随着中国对外交流的日益广泛和国际影响力、感召力、塑造力的进一步提高，全球参加 HSK 的考生人数也逐年增长。据统计，2017 年 HSK 考生数量已达 43.6 万人次。为了满足全球考生的强烈需求，孔子学院总部/国家汉办从近几年的 HSK 真题中精心挑选出部分高质量试卷，组织出版《汉语水平考试真题集》（2018 版）系列。该系列图书共 6 册，分别对应 HSK 一至六级，每册包含相应等级的 5 套精选真题，并配有答案、听力录音、听力文本和答题卡样例等。这是自 2015 版《HSK 考试大纲》全新面世以来，官方首次出版 HSK 真题资源。

《汉语水平考试真题集》（2018 版）旨在为广大考生提供实用、高效的备考指导，为全球汉语教学者和机构提供权威的参考资料和评估标准。我们真诚地希望可以"以考促学",通过考试激发汉语学习者的兴趣;"以考促教",利用真题为教师和学习者提供分级别、实用性强的汉语教学资源。此外,教师可以通过真题中典型语言任务的考查,对考生完成语言任务的能力进行评价,并为考生下一步的学习规划提供积极的反馈。

编　者

2018 年 5 月

目 录

试卷一	1
试卷一听力材料	20
试卷一答案	26
试卷二	29
试卷二听力材料	48
试卷二答案	54
试卷三	57
试卷三听力材料	76
试卷三答案	82
试卷四	85
试卷四听力材料	104
试卷四答案	110
试卷五	113
试卷五听力材料	132
试卷五答案	138
HSK（五级）答题卡	140

汉语水平考试
HSK（五级）

试 卷 一

注 意

一、HSK（五级）分三部分：

1. 听力（45题，约30分钟）

2. 阅读（45题，45分钟）

3. 书写（10题，40分钟）

二、听力结束后，有5分钟填写答题卡。

三、全部考试约125分钟（含考生填写个人信息时间5分钟）。

中国 北京　　　　　　　　孔子学院总部/国家汉办　编制

一、听 力

第一部分

第1-20题：请选出正确答案。

1. A 请假
   B 取文件
   C 办理入职
   D 开实习证明

2. A 嗓子不舒服
   B 对皮肤不好
   C 会破坏鲜味儿
   D 想吃清淡点儿

3. A 很谦虚
   B 有学问
   C 太看重考试
   D 备课很认真

4. A 牙疼
   B 胃难受
   C 手烫伤了
   D 腰酸背痛

5. A 很有趣
   B 很好听
   C 音量太大
   D 歌词写得好

6. A 参赛人数
   B 游戏规则
   C 投资种类
   D 测验结果

7. A 合作商
   B 出版社
   C 健身房
   D 照相馆

8. A 手机响了
   B 进错了影厅
   C 没系安全带
   D 坐错位置了

9. A 要赶论文
   B 不感兴趣
   C 加班太累
   D 要去约会

10. A 有的人没到
    B 要去卫生间
    C 相机没电了
    D 那儿太拥挤

11. A 灯不亮了
    B 门铃坏了
    C 网络不稳定
    D 桶装水喝完了

12. A 先空着
    B 请一名家教
    C 看看正确答案
    D 换个角度想想

13. A 床底
    B 抽屉里
    C 书架上
    D 化妆包里

14. A 学费很贵
    B 儿子不愿学
    C 怕耽误学习
    D 怕儿子吃苦

15. A 人口少
    B 经济不发达
    C 老建筑保存得好
    D 有一所电影学院

16. A 很出色
    B 责任感强
    C 做事不积极
    D 不懂得协作

17. A 地上很滑
    B 刚才打雷了
    C 天空出现了彩虹
    D 他们被雪困住了

18. A 不好洗
    B 太薄了
    C 很休闲
    D 显得老气

19. A 没过期
    B 应少吃甜食
    C 保质期是一年
    D 找不到生产日期

20. A 得过奖
    B 拍摄了好几年
    C 是关于小吃的
    D 在国际频道播出

第二部分

第 21-45 题：请选出正确答案。

21. A 男的是教练
    B 他们在学滑冰
    C 女的记不住舞步
    D 那个动作必须掌握

22. A 应聘工作
    B 参加婚礼
    C 看望父母
    D 朋友聚会

23. A 娱乐节目
    B 文学作品
    C 小说作者
    D 夏令营项目

24. A 着凉了
    B 过敏了
    C 受伤了
    D 喝醉了

25. A 电台
    B 家具店
    C 俱乐部
    D 服装市场

26. A 室内照片
    B 租房的网址
    C 宿舍的地址
    D 房东的座机号

27. A 修打印机
    B 重新复印
    C 联系对方公司
    D 主动交辞职信

28. A 逻辑清楚
    B 例子不够
    C 结论错了
    D 能够评优

29. A 丢了
    B 摔碎了
    C 掉水里了
    D 中病毒了

30. A 醋
    B 酱油
    C 红酒
    D 香肠

31. A 优惠太少
    B 距离市区远
    C 服务员的态度差
    D 顾客觉得咖啡太淡

32. A 延长营业时间
    B 对员工进行培训
    C 换了红色的咖啡杯
    D 增加了一些新口味

33. A 天快黑了
    B 山上有老虎
    C 山上积雪很厚
    D 怕他不认识路

34. A 很吃惊
    B 很感激
    C 恭喜他
    D 欢迎他

35. A 沟通很重要
    B 要勇于行动
    C 要爱惜生命
    D 要尊重大自然

36. A 作家
    B 导游
    C 硕士生
    D 小学生

37. A 更喜欢劳动了
    B 记忆力下降了
    C 更关心国家大事了
    D 数学和读写能力提高了

38. A 认为话题很无聊
    B 能改善课堂教学
    C 并不适用于每个人
    D 能培养出优秀的哲学家

39. A 要多称赞别人
    B 由教育家提出
    C 指促进社会进步
    D 多人活动效率更高

40. A 饭量减少
    B 吃得更香
    C 消化不良
    D 感觉很舒适

41. A 要少食多餐
    B 年轻人吃饭不规律
    C "工位餐"现象较普遍
    D 压力大会引发心理问题

42. A 全班无人获胜
    B 对后排同学不利
    C 输了要打扫教室
    D 老师念错了名字

43. A 要抓住机会
    B 人生得靠运气
    C 要争取应有的权利
    D 客观条件不能决定成败

44. A 关爱青少年
    B 鼓励人们环保
    C 传播法律知识
    D 让人保持童心

45. A 发宣传册
    B 召开研讨会
    C 走上街头推广
    D 利用社交媒体

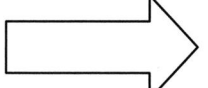

二、阅 读

第一部分

第 46-60 题：请选出正确答案。

46-48.

人为什么会感觉到冷呢？这是因为，人的皮肤__46__不均匀地分布着许多可以感觉到温度变化的感受器。这些感受器分为两大类：一类专门感受冷，它们所在的皮肤部位叫"冷点"；而另一类专门感受热，它们所在的皮肤部位就叫作"热点"。

一般来说，皮肤上的"冷点"要比"热点"多。所以相对而言，人们对冷会更加__47__。当外界温度下降时，皮肤的温度也会随之下降，这样就刺激了表皮的"冷点"，"冷点"再通过神经系统将"冷"的信息传递给大脑，__48__使人感觉到冷。

46. A 表面　　　B 核心　　　C 范围　　　D 单元
47. A 敏感　　　B 活跃　　　C 谨慎　　　D 片面
48. A 不然　　　B 从而　　　C 宁可　　　D 至于

49-52.

唐太宗有两个得力的大臣，一个是房玄龄，一个是杜如晦。唐朝开国不久，许多规章典法都是由他们二人商量__49__的。当唐太宗和房玄龄研究国事时，房玄龄总是能够提出有价值的意见和具体的解决办法，__50__，不知道最终该用哪种办法解决问题。

每当遇到这种情况，唐太宗就会把杜如晦请来。等杜如晦来了，对问题稍加分析之后，__51__会果断地采用房玄龄提出的意见和办法。他们二人，一个善于出计谋，一个善于做决断，所以人们就用"房谋杜断"来形容他们，意思是他们各具专长而又各有__52__，也比喻互相配合，取长补短。

49. A 制定　　　B 制作　　　C 制造　　　D 固定
50. A 并将意见对外公布　　　B 但他往往做不了决定
　　C 杜如晦总是提反对意见　　D 唐太宗不信任他们两个
51. A 随手　　　B 通常　　　C 未必　　　D 逐渐
52. A 趋势　　　B 措施　　　C 性质　　　D 特色

53-56.

在今天看来，日行千里并不是一件困难的事，只要有一条普通的高速公路就能办到。那么，__53__？

其实，早在两千多年前的秦朝就已经出现了"秦直道"。秦直道经过14个县，全长七百多公里，是秦始皇__54__大将军蒙恬监修的一条重要军事要道。按现在高速公路的__55__来计算，六条车道加上两边的应急车道和中间的绿化带，再宽也不超过30米。而秦直道最宽的地方竟达到了60米，最__56__的地方也不少于20米，而且整条路几乎没有大的弯道，所以它堪称古代高速公路。

53．A 古代有哪些交通工具　　　　B 古代对车辆有限制吗
　　C 古代有没有高速公路呢　　　　D 古人出行会遇到什么困难
54．A 责备　　　B 命令　　　C 争论　　　D 概括
55．A 标准　　　B 单位　　　C 程序　　　D 成分
56．A 浓　　　　B 窄　　　　C 弱　　　　D 浅

57-60.

著名诗人沈尹默对古诗词很有研究，他曾研读了大量的名家诗词，并自创了"遮字难已读书法"。比如他读《红楼梦》时，只要看到书中谁作了诗，就随便__57__住其中的一个字，考考自己："__58__是我写的话，该用什么字？"这样就相当于请教了曹雪芹，拜他为师。通过这种读书法，沈尹默深入地掌握了名家作品，__59__。

沈尹默正是凭借这种独特的"拜师"法，虚心学习，吸收各家之长，在诗词__60__取得了很大的成就。

57．A 盖　　　　B 踩　　　　C 抄　　　　D 拆
58．A 与其　　　B 假如　　　C 除非　　　D 哪怕
59．A 对该方法心存怀疑　　　　B 还结识了不少书法家
　　C 在学术界的地位很高　　　D 同时也提高了写作水平
60．A 阶段　　　B 规模　　　C 领域　　　D 类型

第二部分

第61-70题：请选出与试题内容一致的一项。

61. 研究指出，一个人在经过两个小时的有氧运动后，创造力以及注意力集中的程度会高于运动之前。因为有氧运动能促进脑内产生一种愉悦感，这种愉悦感能够让人释放压力，减少负面情绪。也就是说，如果你想在工作时创意不断，可以在工作前进行跑步、骑车等有氧运动。

   A 跑步能治疗失眠
   B 乐观的人更热情
   C 有氧运动需专人指导
   D 有氧运动可提升创造力

62. 隋唐时期，朝廷会给每位官员发一个"鱼符"，相当于官员的"身份证"。这是一种用木头或金属做成的小物件，形状像鱼，分左右两片，持有人会随身带着其中一片，用于证明自己的身份。

   A 鱼符都是银的
   B 鱼符是半圆形的
   C 持有鱼符的人拥有兵权
   D 鱼符是唐朝官员的身份证

63. 如果你做的梦伴随着各种情绪，那这就是有意义的梦，这种梦的内容往往与我们醒着时未能解决的问题有关。这些问题进入到我们的梦境中，被再一次加工、处理，但不会带给我们困扰或压力。

   A 多梦的人一般睡不好
   B 梦的内容与现实无关
   C 带情绪的梦是有意义的
   D 做梦是缺乏自信的表现

64. 如今，很多求职者不再去拥挤的招聘会场投递纸质简历，而是选择更方便快捷的方式，即通过各类社交媒体"刷"工作。微博、微信等平台成为求职和招聘信息的"集散地"，有的人也许刷刷朋友圈就能找到一份合适的工作。

   A 要注意保护个人信息
   B 网上的招聘广告不可靠
   C 许多人不再用传统方式求职
   D 投递纸质简历更容易被录用

65. 研究发现，人们通过购买实物获得的幸福感更持久，因为物品在多次的使用过程中会使人产生更多的幸福感。而看演出等体验式消费，仅仅会让人在体验过程中幸福感大增，体验结束后这种感受很快就会消失。

   A 消费者最看重商品的价格
   B 体验式消费更易让人满足
   C 现代人更强调精神上的追求
   D 实物消费的幸福感持续更久

66. 西安观音寺内有一棵千年银杏树。据传，这棵银杏树是当年李世民亲手种的，距今已有一千四百多年的历史，目前它已被列入国家古树名木保护名录。到了秋天，这棵银杏树下满是黄叶，像金黄色的地毯铺在地上一样，吸引了众多游人前去欣赏。

   A 观音寺不对游客开放
   B 银杏树适合春天观赏
   C 那棵银杏树是千年古树
   D 银杏树的果实可以治病

67. 弹钢琴是一种很好的锻炼思维的方式，因为钢琴作品的乐谱很复杂。想要看懂这些乐谱，需要有较强的记忆力、分析和逻辑判断能力。所以，学习弹钢琴对人的身心健康大有益处。

   A 学琴贵在坚持
   B 钢琴的乐谱很好记
   C 弹钢琴有助于锻炼思维
   D 音乐是人类的第二种语言

68. 现在很多电子地图不仅能显示平面地图，还可以显示立体的街景图。那么，这些街景图片是怎么来的呢？其实，采集这些街景图片数据的人，就是神秘的街景工程师。他们常年在外工作，从繁华的城市到深山密林，足迹几乎踏遍了世界的每个角落。

   A 电子地图提供的路线不准确
   B 街景工程师会设计旅游路线
   C 中国的电子地图都提供实景图
   D 街景工程师负责收集图片数据

69. 水汽和大气运动会使云发生各种变化，并且对各种天气的产生起着极其重要的作用。人们虽然看不见水汽和大气运动，却可以看到云的变化，并根据其形状、厚薄、颜色、移速等变化，总结出了许多"看云识天气"的经验。

    A 云层厚的地区温差大
    B 空气质量会影响气候变化
    C 人能根据云的变化判断天气
    D 要总结避免气候灾害的经验

70. 正在建设中的"中国尊"是位于北京市中央商务区的一幢超高层建筑，因其形似中国古代酒器"樽"而得名。中国尊预计于2018年全面完工，建成后将集办公、会议、观光以及多种配套服务功能于一体，并成为北京第一高楼。

    A 中国尊已经完工
    B 中国尊在北京市区
    C 中国尊的最高层是饭店
    D 中国尊是亚洲最高的楼

第三部分

第 71-90 题：请选出正确答案。

71-74.

运动洗衣或许在未来会成为一种新的洗衣方式，这要感谢大连的一群大学生，他们发明了一种由自行车提供动力的洗衣机。

发明者说："骑自行车是一项流行的运动，而洗衣服是你每天或至少每个星期都要做的事情，那何不把二者结合起来呢？"

这种自行车洗衣机像普通的健身器材一样，固定在室内。它的工作原理是：将脏衣服放进自行车底部的一个洗衣仓内，当人骑自行车时，便会产生电量带动洗衣仓转动，直至将衣服洗干净。而多余的电还可供显示屏使用，或者可以储存起来。

尽管自行车洗衣机目前只是一个概念产品，但它对于那些要洗的衣服不多，而且又需要锻炼的人来说特别适用。在科技快速发展的今天，说不定哪天你就能在商店里看到这款产品了。

71. 自行车洗衣机：
  A 由学生发明   B 能骑到室外
  C 特别浪费水   D 不用时能折叠起来

72. 洗衣仓靠什么转动？
  A 电池   B 太阳能
  C 用手推   D 骑车产生的电能

73. 自行车洗衣机最适合哪些人？
  A 懂技术的人   B 热爱时尚的人
  C 经常出差的上班族   D 洗衣不多且需要锻炼的人

74. 根据上文，下列哪项正确？
  A 运动洗衣已非常流行   B 骑自行车的人越来越少
  C 目前买不到自行车洗衣机   D 自行车洗衣机洗的衣服更干净

75-78.

在云南丽江，有一种叫雪桃的水果，不仅味道好，而且很有营养。当地不少人想种雪桃，但雪桃苗却很难成活。从小就对植物感兴趣的朱姝杰很想解决这个难题。

朱姝杰是丽江的一名中学生，她是个爱思考的小姑娘。她通过观察发现，原来是雪桃核的壳太硬，才导致桃苗无法发芽，于是她就想把桃核弄开，直接用桃仁在春天育苗。但当她试着敲开桃核时，桃仁都被弄烂了，为此她十分苦恼。

一天，她在外面散步，突然踢到了一个桃核，她仔细一看，发现这个桃核是裂开的。于是，她向一位村民询问桃核自然裂开的原因。村民告诉她："前些日子，桃核在阳光下晒了几天，接着下了一场大雨，桃核后来自己就裂开了。"

朱姝杰听了非常高兴，回到家后，找了许多雪桃核，先把它们放在院子里晒了几天，接着又把它们放到冷水盆里泡了一段时间，然后拿出来，轻轻一敲，桃核就纷纷裂开了，而且里面的桃仁完好无损。到了春天，她把桃仁种在地里，不久，可爱的嫩苗就长了出来。就这样，朱姝杰解决了雪桃育苗的难题，她也因此获得了青少年科技创新大赛的银奖。

75. 朱姝杰从小对什么感兴趣？
　　A 乐器　　　　　　　　B 植物
　　C 地理　　　　　　　　D 武术

76. 雪桃有什么特点？
　　A 不易存放　　　　　　B 春季成熟
　　C 营养价值高　　　　　D 桃核比较大

77. 朱姝杰最后是怎样把桃核弄开的？
　　A 用火烤　　　　　　　B 往地上扔
　　C 使用专门的机器　　　D 晒后放入冷水中

78. 根据上文，可以知道什么？
　　A 朱姝杰善于观察　　　B 雪桃都长在山坡上
　　C 丽江夏天降水量大　　D 朱姝杰考上了农业大学

79-82.

"旁边那一队的姑娘在我排到一半儿的时候才来，人家现在都结完账了，我这队最前面那个阿姨还在数硬币。为什么我的运气这么差？偏偏排到了这么慢的队后面。"

类似这样的抱怨，我们经常听到。心理学家告诉我们：大多数时候并不是你真的运气差，而是因为你总是对倒霉的事情印象深刻。

心理学用"普遍受害者理论"来解释这种现象。当你所在的队列走得很快时，你的注意力一般集中在前方的目标上，自然就不会对排队这件事留下太多印象。而如果你排在了一支很慢的队列中，你就会忍不住着急，开始抱怨"怎么这么慢"。这样经历过几次以后，你就会忘记排队快的时候，只记住了排队慢的时候，于是就产生了"我运气总是很差"的想法。

为了避免人们产生抱怨情绪，许多银行、商场和快餐店都采取了蛇形排队的方式，即让所有的顾客都排在一个队列中，然后依次去空闲窗口办理业务。但对于超市来说，这种排队方式的效率其实并不高，因为蛇形队列要求超市提供更大的排队空间，以及更多的人手来维持秩序，而且一些顾客说不定会被这条排队长龙吓跑。

79. 第1段中那个人为什么觉得自己运气差？
   A 有人插队　　　　　　　　B 错过了打折季
   C 商店提前关门了　　　　　D 排到了慢的队列中

80. 关于"普遍受害者理论"，可以知道：
   A 消极心态会传染　　　　　B 越努力的人越幸运
   C 没人愿意跟悲观的人相处　D 人对不幸的事情印象深刻

81. 为了避免顾客抱怨，银行：
   A 安装了电视　　　　　　　B 简化了手续
   C 采用了蛇形队列　　　　　D 加了几个业务窗口

82. 根据上文，下列哪项正确？
   A 超市的收款台越多越好　　B 不同地方排队方式不同
   C 现金结账比刷卡更省时　　D 看急诊不需要挂号排队

83-86.

喜爱户外运动的人在出发前，一般会接受野外生存训练，系统地学习自救的本领，以便在没有外界帮助的情况下，能自我治疗伤病、脱离危险。有趣的是，在自然界，许多野生动物虽然没接受过生存训练，竟然也是自救的高手。

人类会用温泉浴来治病，其实熊也会用这种办法治病。当小熊的皮肤出现问题时，母熊就会带它去泡温泉，让它在这种富含多种矿物质的热水中浸泡一段时间。直到小熊恢复健康，它们才会告别这个天然的"救护所"。

此外，许多动物遇到危险时都有独特的自我保护方式，比如它们会向同类发送求救信号，与大家联合起来对付敌人。海豚通常过着集体生活，它们会发出各种各样的声音来传递信息。海豚最大的敌人是鲨鱼，如果有一条鲨鱼威胁到一头小海豚的生命安全，小海豚就会向成年海豚发出求救信号，而接收到信号的成年海豚中会有两只先离开群体，将鲨鱼吸引过来，一旦鲨鱼上当，其他海豚就会将鲨鱼包围起来，共同对抗它。

凭着这些特殊的生存技能，动物在面对疾病或者天敌时才得以生存，这也是它们在长期进化中获得的本领。

83. 人们接受野外生存训练的目的是：
    A 远离危险　　　　　　　B 救助小动物
    C 增强方向感　　　　　　D 注重团队精神

84. 母熊为什么要带小熊去泡温泉？
    A 小熊太脏了　　　　　　B 小熊得病了
    C 想缓解一下疲劳　　　　D 想训练小熊游泳

85. 小海豚遇到鲨鱼的威胁时会怎么做？
    A 装死　　　　　　　　　B 躲到海底
    C 发信号求救　　　　　　D 游到海面上

86. 最适合做上文标题的是：
    A 动物的自救本领　　　　B 爱护动物，人人有责
    C 降低户外运动的风险　　D 全球变暖对动物的影响

87-90.

在上海的一处老式弄堂里,有一家五星级酒店。让人惊奇的是,该酒店的大部分装修材料用的都是建筑垃圾。

主张用建筑垃圾装修的正是这家酒店的老板。早在酒店动工之前,他就让人搜集了许多建筑垃圾。大厅里的"文化墙"是该酒店最引人注目的地方,这面墙是用34个旧旅行箱堆起来的。在设计师的精心打造下,这面墙不仅符合住宿的主题,而且营造了一种艺术感和亲切感。

这家酒店还有一面墙,上面镶嵌着大大小小、各式各样的老锅,这些锅经过清理、打磨之后,再固定在墙面上。这面墙不仅吸引了无数客人的目光,更体现了中国人"民以食为天"的传统观念。

陈旧,并不意味着简陋。在这家酒店,95%的装修材料都是旧物,但酒店的设计理念却是当今最流行的。在大多数人看来,旧砖、旧瓦、旧木头简直就是一堆让人头疼的建筑垃圾,但它们却被酒店老板充分利用起来,打造成了一个顶级酒店。"没有所谓的废弃物,只有放错位置的资源。"他总是把这句话挂在嘴边,也许这就是他把酒店打造得如此完美的关键所在。

87. 关于那个酒店,可以知道:
 A 主要接待外国旅客　　　　B 位于上海市商业大厦内
 C 模仿中国南方民居建造　　D 将建筑垃圾作为装修材料

88. 酒店的"文化墙"是由什么做成的?
 A 旧旅行箱　　　　　　　　B 二手光盘
 C 各国词典　　　　　　　　D 玻璃饰品

89. 用老锅装饰的那面墙体现了什么观念?
 A 尊老爱幼　　　　　　　　B 顾客至上
 C 民以食为天　　　　　　　D 要节约粮食

90. 酒店老板认为:
 A 垃圾应该分类处理　　　　B 酒店的选址很关键
 C 装修越简单越显高档　　　D 废弃物是放错地方的资源

三、书 写

第一部分

第 91-98 题：完成句子。

例如：发表　　这篇论文　　什么时候　　是　　的

　　　　这篇论文是什么时候发表的？

91. 设备　　请您　　电子　　关闭　　所有的

92. 做了　　他　　充分　　准备　　为这场演讲

93. 误会　　一些　　他们　　似乎存在　　之间

94. 破产　　这家　　正面临　　公司　　房地产

95. 丝绸　　的　　这条围巾　　是

96. 打破了　　世界纪录　　再次　　他

97. 孙大夫　　很有把握　　对　　手术　　明天的

98. 签收　　一下　　包裹　　麻烦　　你替我

第二部分

第 99-100 题：写短文。

99. 请结合下列词语（要全部使用，顺序不分先后），写一篇 80 字左右的短文。

　　毕业　　面对　　目标　　稳定　　适合

100. 请结合这张图片写一篇 80 字左右的短文。

试卷一听力材料

（音乐，30秒，渐弱）

大家好！欢迎参加HSK（五级）考试。
大家好！欢迎参加HSK（五级）考试。
大家好！欢迎参加HSK（五级）考试。

HSK（五级）听力考试分两部分，共45题。
请大家注意，听力考试现在开始。

第一部分

第1到20题，请选出正确答案。现在开始第1题：

1. 女：这位是新招的刘秘书，过来办理入职手续。
   男：好的，他的材料给我一下。
   问：刘秘书是来做什么的？

2. 男：妈，做海鲜汤要放辣椒吗？
   女：不用，辣椒会破坏海鲜的鲜味儿，倒点儿酱油就可以了。
   问：女的为什么不让放辣椒？

3. 女：王教授的课太有趣了，怪不得这么受欢迎。
   男：他既有学问，说话又幽默。上他的课真是一种享受。
   问：男的觉得王教授怎么样？

4. 男：最近牙疼得厉害，我明天得去趟医院。
   女：那你得早点儿去挂号，不然就挂不上了。
   问：男的怎么了？

5. 女：你的手机铃声真好听，是什么歌？
   男：《爱的勇气》，是电视剧《离婚律师》的主题曲。
   问：女的觉得那个手机铃声怎么样？

6. 男：我还是没理解这个游戏的规则，到底要怎么玩儿啊？
   女：你需要在规定时间内找出两幅图的不同之处，找得越多越好。
   问：他们在谈什么？

7. 女：这本日历在哪儿买的？
   男：不是买的，是我们公司的合作商送的。
   问：那本日历是谁送的？

8. 男：抱歉，女士，前两排是嘉宾席，我给您换个座位吧。
   女：不好意思，我刚才没注意。
   问：女的怎么了？

9. 女：晚上一起去酒吧看球吧，今天是总决赛。
   男：你去吧，我连续加了好几天班，太累了。
   问：男的为什么不去看球赛？

10. 男：这儿的风景真美，咱们照张相吧。
    女：好啊，等人都到了，我们来一张合影。
    问：女的是什么意思？

11. 女：喂，我家的网络信号一直不稳定，你们能过来检查一下吗？
    男：好的，您说一下地址，我们马上派维修人员过去。
    问：女的为什么打电话？

12. 男：这真的是小学数学题吗？我怎么不会做？
    女：其实没你想的那么复杂，你换个角度思考一下。
    问：女的建议男的怎么做？

13. 女：我的耳环掉地上了，快过来帮我找找，我找半天了都找不到。
    男：会不会在床底啊？你把手电筒递给我。
    问：男的怀疑耳环在哪儿？

14. 男：既然儿子对武术感兴趣，我们可以给他报个武术学校。
    女：他年纪太小了，我舍不得让他吃苦。
    问：女的为什么不想让儿子学武术？

15. 女：这座城市的老建筑保存得真完整。
    男：是呀，经常有剧组来这里拍古装戏呢。
    问：关于那座城市，可以知道什么？

16. 男：小张还在试用期吗？
    女：对，不过因为他表现出色，领导很看好他，所以决定让他提前转正。
    问：小张工作怎么样？

17. 女：刚才又是打雷又是闪电的，真吓人。
    男：这儿夏天就是这样，不过雷阵雨来得快，去得也快，一会儿就停了。
    问：根据对话，下列哪项正确？

18. 男：你觉得模特儿身上这件衣服怎么样？
    女：挺时尚的，不过太休闲了，不太适合平常上班穿。
    问：女的觉得那件衣服怎么样？

19. 女：这包零食没过期吧？
    男：没有，生产日期写的是上个月，有半年的保质期呢。
    问：男的是什么意思？

20. 男：你昨天发给我的纪录片是关于什么的？
    女：是讲少数民族地区的传统节日的，很有特色，还获过大奖呢。
    问：关于那部纪录片，可以知道什么？

第二部分

第 21 到 45 题，请选出正确答案。现在开始第 21 题：

21. 女：这个动作可以训练你的平衡力。
    男：可对我来说太难了。
    女：平时多练练。这是现代舞入门的基本动作，你必须掌握。
    男：好的，教练。
    问：根据对话，可以知道什么？

22. 男：我的航班被临时取消了。
    女：为什么？
    男：说是黑龙江下大雪，飞机无法降落。怎么办？我还要赶着回家参加姐姐的婚礼呢。
    女：要不你把机票退了，改坐火车吧。
    问：男的为什么着急回家？

23. 女：你有没有看《了不起的挑战》？
    男：没有，我最近忙着考研呢。那是部电影吗？
    女：不，是个娱乐节目，主要内容是让明星嘉宾去体验普通人的工作。
    男：听起来很有意思，等考完试我也看看。
    问：他们在聊什么？

24. 男：你怎么一直打喷嚏，是不是感冒了？
    女：不是，我对花粉有点儿过敏。
    男：那你看大夫了吗？
    女：没有，我每年春天都会这样，过些日子就好了。
    问：女的怎么了？

25. 女：先生，您想选哪种家具？实木的还是金属的？
    男：这两种有什么区别？
    女：实木家具更结实，金属家具现代感更强。
    男：这样啊，你能带我看看实木的吗？
    问：他们现在最可能在哪儿？

26. 男：公司附近的房租真高，光中介费就得两千多。
    女：对呀，这儿毕竟是市中心。不过你可以直接找房东租，这样省钱。
    男：那我去哪儿找租房信息呢？
    女：有专门的网站，一会儿我把网址发给你。
    问：女的要给男的发什么？

27. 女：小李，对方公司说没有收到传真。
    男：不会吧？我这里明明显示发送成功了啊。
    女：你赶紧打电话跟他们确认一下，不行就再发一遍。
    男：好的，我马上联系。
    问：男的接下来可能会怎么做？

28. 男：周老师，您找我？
    女：你这篇论文写得不错，逻辑清楚，观点也挺新的。
    男：谢谢您，那我可以联系杂志社发表吗？
    女：可以，如果有需要，我可以帮你推荐。
    问：女的认为那篇论文怎么样？

29. 女：我的手机刚才掉到水池子里了。
    男：啊？你别急着开机，先用吹风机把它吹干。
    女：它不会就这么坏了吧？这可是我刚买的啊。
    男：等吹干了再看看，可能没事。
    问：那个手机怎么了？

30. 男：据说你们山西的醋很有名。
    女：嗯，醋是我们的特产之一。
    男：是比其他地方的醋更酸吗？
    女：不是这么简单，下次我给你带一瓶，你尝尝就知道了。
    问：女的打算下次给男的带什么？

第31到32题是根据下面一段话：

一家咖啡店生意越来越冷清，有顾客反映咖啡的味道太淡了。老板觉得很委屈，同样价格的咖啡，他们店所用的材料并不比其他咖啡店少。

老板仔细观察后发现，原来问题出在咖啡杯上。他们店里一直用的是黄色的杯子，由于色彩搭配的关系，用这种杯子装咖啡后，咖啡看上去颜色很淡，因此顾客会觉得咖啡浓度不够。后来，这家咖啡店改用了红色的杯子，尽管咖啡的浓度还是和原来一样，但顾客却明显增加了。

31．咖啡店为什么生意很冷清？
32．老板最后采取了什么措施？

第33到35题是根据下面一段话：

徐霞客是明代著名的地理学家。

有一次，徐霞客去黄山考察，遇到了大雪，当地人提醒他，山上积雪太厚，人根本没办法爬上去。徐霞客不信，决定亲自试一试。

虽然一路上困难重重，但他最终爬到了山顶。当他下山后，当地人非常吃惊地问他："您是怎么爬上去的？"徐霞客回答："我是一步一个脚印爬上去的。"当地人更加疑惑地问道："大家不是都说山上的积雪很深，路被堵住了吗？"徐霞客说："你们只愿意相信听到的，而我更愿意用自己的行动来证明。"

33．当地人为什么反对徐霞客上山？
34．看到徐霞客下山后，当地人有什么反应？
35．这段话主要想告诉我们什么？

第36到38题是根据下面一段话：

有研究发现，关于真理、公平、善良等哲学话题的讨论能够促进学生数学和读写能力的提升。

这项名为"儿童哲学教育"的研究，以当地三千多名小学生为研究对象，研究者定期组织他们开展关于公平等话题的讨论。结果发现，一年以后，这些学生在数学和读写能力方面取得了很大的进步。参与了这项研究的教师指出，讨论哲学话题不仅改善了课堂教学行为，同时也有助于培养学生的自信心、耐心以及自尊心等重要的人格品质。

36．那项研究的研究对象是哪类人？
37．研究进行一年后，研究对象有什么变化？
38．参与研究的教师如何看待哲学话题讨论？

第 39 到 41 题是根据下面一段话：

据调查，超过半数的上班族通常在自己的工位上单独吃午餐，社会学家称之为"工位餐"。

研究人员通过实验发现，当一个人在进行某种活动时，假如有他人在场或与他人一起活动，这个人的行为效率就会提高，这就是所谓的"社会促进"。因此，如果是和别人一起吃饭，人们的平均食量就会增加。但如果人们是在自己的工位上单独用餐，就会吃得少，而饭后却会吃更多的零食，这非常不利于健康。因此为了健康，最好还是离开工位和同事们一起用餐，顺便还可以拉近一下同事间的感情。

39．关于"社会促进"，可以知道什么？
40．人们单独用餐会怎么样？
41．根据这段话，下列哪项正确？

第 42 到 43 题是根据下面一段话：

上课前，老师让同学们每人拿出一张纸，写上自己的座位号，然后揉成纸团，在自己的座位上投向讲台上的废纸篓，投进去的同学就能获得奖励。很明显，这对前排的同学更有利。

游戏开始后，纸团被纷纷抛出，但只有几个扔进了废纸篓。老师打开那几个纸团看了看，说："后排的同学肯定会感到不公平，但在现实生活中，由于客观条件不同，人与人之间总会有一些差距。然而，今天的获胜者中就有后排的同学，而且很多坐在前排的同学没有投进去。这说明拥有位置优势不一定就能成功，而客观条件差一点儿也不一定就会失败。"

42．关于那个游戏，下列哪项正确？
43．老师想通过那个游戏告诉学生什么？

第 44 到 45 题是根据下面一段话：

二〇一六年三月十八日，联合国秘书长任命游戏"愤怒的小鸟"中的红色小鸟为绿色荣誉大使。

联合国希望通过这一广受人们喜爱的卡通形象，呼吁公众为应对气候变化积极采取行动，如乘坐公共交通工具、节约用水等，并希望人们能通过社交媒体分享这些经验，让愤怒的小鸟变得快乐起来。

44．联合国让红色小鸟做绿色荣誉大使的目的是什么？
45．联合国希望人们如何分享经验？

听力考试现在结束。

试卷一答案

一、听 力

第一部分

1. C	2. C	3. B	4. A	5. B
6. B	7. A	8. D	9. C	10. A
11. C	12. D	13. A	14. D	15. C
16. A	17. B	18. C	19. A	20. A

第二部分

21. D	22. B	23. A	24. B	25. B
26. B	27. C	28. A	29. C	30. A
31. D	32. C	33. C	34. A	35. B
36. D	37. D	38. B	39. D	40. A
41. C	42. B	43. D	44. B	45. D

二、阅 读

第一部分

46. A	47. A	48. B	49. A	50. B
51. B	52. D	53. C	54. B	55. A
56. B	57. A	58. B	59. D	60. C

第二部分

61. D	62. D	63. C	64. C	65. D
66. C	67. C	68. D	69. C	70. B

第三部分

71. A	72. D	73. D	74. C	75. B
76. C	77. D	78. A	79. D	80. D
81. C	82. B	83. A	84. B	85. C
86. A	87. D	88. A	89. C	90. D

三、书 写

第一部分

91．请您关闭所有的电子设备。
92．他为这场演讲做了充分准备。／为这场演讲他做了充分准备。
93．他们之间似乎存在一些误会。
94．这家房地产公司正面临破产。
95．这条围巾是丝绸的。
96．他再次打破了世界纪录。
97．孙大夫对明天的手术很有把握。
98．麻烦你替我签收一下包裹。

第二部分

（略）

汉语水平考试 HSK（五级）

试 卷 二

注 意

一、HSK（五级）分三部分：

    1．听力（45题，约30分钟）

    2．阅读（45题，45分钟）

    3．书写（10题，40分钟）

二、听力结束后，有5分钟填写答题卡。

三、全部考试约125分钟（含考生填写个人信息时间5分钟）。

中国　北京　　　　　　　　孔子学院总部/国家汉办　　编制

一、听 力

第一部分

第1-20题：请选出正确答案。

1. A 他们在改签
   B 市区堵车严重
   C 他们没赶上飞机
   D 机场的广播在找人

2. A 太抽象
   B 主题不突出
   C 构图不合理
   D 色彩处理得好

3. A 海鲜
   B 皮鞋
   C 日用品
   D 化妆品

4. A 加强锻炼
   B 多喝白开水
   C 买台加湿器
   D 去医院挂号

5. A 出席晚宴
   B 招聘兼职
   C 全程负责翻译
   D 接待投资方代表

6. A 登记表
   B 住宿发票
   C 参会名单
   D 营业执照

7. A 害怕陌生人
   B 弄坏了地毯
   C 会偷跑出去
   D 爱跟影子玩儿

8. A 正在减肥
   B 是名建筑师
   C 打算在家练舞
   D 是表演系的学生

9. A 闯红灯了
   B 没带身份证
   C 弄丢了收据
   D 身上钱不够

10. A 特别刻苦
    B 适合弹钢琴
    C 计算能力强
    D 应该当歌手

11. A 纪录片
    B 动画片
    C 科幻片
    D 战争片

12. A 车钥匙
    B 准考证
    C 公交卡
    D 充电器

13. A 不实用
    B 不时髦
    C 很显高档
    D 太占地方

14. A 钓鱼
    B 听京剧
    C 下象棋
    D 打太极拳

15. A 单位同事
    B 房东阿姨
    C 他的室友
    D 外地的亲戚

16. A 去实习了
    B 不爱学物理
    C 没接到通知
    D 教室坐不下

17. A 历史悠久
    B 小吃店多
    C 路边树多
    D 车辆不让走

18. A 面积小
    B 设施挺全
    C 娱乐项目少
    D 教练不专业

19. A 别熬夜
    B 穿暖和些
    C 按时吃药
    D 少拿重物

20. A 买股票
    B 写文章
    C 复印材料
    D 欣赏音乐

第二部分

第 21-45 题：请选出正确答案。

21. A 乐器
    B 水管
    C 摩托车
    D 数码相机

22. A 长途汽车站
    B 商业大厦里
    C 植物园入口
    D 国家博物馆对面

23. A 男的想退票
    B 女的要坐商务座
    C 他们不是同一趟车
    D 他们不在一个车厢

24. A 很无聊
    B 没前途
    C 压力大
    D 工资低

25. A 出示证件
    B 接受安检
    C 去门口签到
    D 关掉摄影机

26. A 除夕
    B 国庆节
    C 中秋节
    D 休年假时

27. A 模特儿太难找
    B 很难抓住表情
    C 多数人不配合
    D 对背景的要求高

28. A 销售方案
    B 年终总结
    C 研发报告
    D 会议记录

29. A 很天真
    B 很矛盾
    C 脾气差
    D 很有魅力

30. A 设备很新
    B 没装修完
    C 内部很豪华
    D 在实验楼里

31. A 院门外
    B 胡同里
    C 帘子后面
    D 书画馆内

32. A 很谦虚
    B 很好客
    C 诚实守信
    D 敏感多疑

33. A 工作经验
    B 客户资料
    C 对老板的不满
    D 未来的职业目标

34. A 他快退休了
    B 能成功的不多
    C 台下观众极少
    D 他喜欢迎接挑战

35. A 遇事要灵活
    B 做生意要谨慎
    C 要实践并坚持下去
    D 要学习他人的优点

36. A 服装厂一般远离市中心
    B 服装厂会排出有害气体
    C 手工制作的布料不结实
    D 制衣过程中常会造成浪费

37. A 科研人员
    B 政府官员
    C 志愿者协会
    D 服装设计师

38. A 充分使用面料
    B 改善工厂环境
    C 采用先进的技术
    D 重新改造旧衣服

39. A 分为男女两组
    B 在学校操场举行
    C 参赛者都有纪念品
    D 自行车由举办方提供

40. A 推着自行车散步
    B 穿上了最轻的跑鞋
    C 不停地撞其他人的车
    D 尽力阻止自行车前进

41. A 宣传绿色出行
    B 强调规则的意义
    C 拉近人们间的距离
    D 鼓励大家享受慢生活

42. A 造型可爱
    B 重量很轻
    C 容易变脏
    D 极易燃烧

43. A 要用到粗盐
    B 有专门的机器
    C 塑料袋越小越好
    D 会使玩具变得更软

44. A 贷款
    B 签合同
    C 改密码
    D 办信用卡

45. A 商人其实很有钱
    B 商人的车是借的
    C 银行的停车场满了
    D 商人被交警罚款了

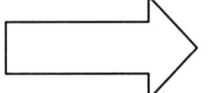

二、阅 读

第一部分

第 46-60 题：请选出正确答案。

46-48.

　　心理学家曾做过一个有趣的实验：首先告诉学生学校邀请到一位非常有名的化学家来给他们上课，然后让那位化学家对学生说，他发现了一种新的化学物质，这种物质具有__46__的气味儿，但对人体无害，然后让学生们挨个儿闻了闻，并要求闻到气味儿的同学举一下手，结果不少同学闻了以后都举起了手。事实上，那只瓶子里__47__的只不过是水，而那位"化学家"其实是从外校请来的数学老师。像这种由于受到名人的暗示而产生过分信任和盲从的__48__就叫作"名人效应"。

46．**A** 繁荣　　　　**B** 单调　　　　**C** 强烈　　　　**D** 深刻
47．**A** 漏　　　　　**B** 装　　　　　**C** 插　　　　　**D** 冲
48．**A** 气氛　　　　**B** 形势　　　　**C** 制度　　　　**D** 现象

49-52.

　　有种说法非常流行："将电脑或手机的背景色设置成绿色，可以保护眼睛。"但是这种说法真的__49__吗？

　　专家称，当我们看远处的花草树木时，之所以会觉得眼睛很舒服，主要是因为如果你长时间看着近处，眼睛内部的睫状肌会持续收缩，而向远处看则可以缓解它的紧张__50__，这与看什么颜色和看什么物体无关。虽然心理学研究__51__，绿色可以使人放松并感到平静，但它对眼睛本身并没有特别的作用。

　　因此，如果想保护眼睛，比起更换电脑和手机的背景色，__52__，多眨眨眼睛，或隔一段时间就看看远处。

49．**A** 基本　　　　**B** 科学　　　　**C** 合法　　　　**D** 显然
50．**A** 状态　　　　**B** 形状　　　　**C** 形式　　　　**D** 样式
51．**A** 表明　　　　**B** 启发　　　　**C** 指挥　　　　**D** 叙述
52．**A** 电脑应反复杀毒　　　　　　**B** 要多养一些花儿
　　C 更有效的方法是学会放松　　**D** 看纸质书对眼睛没有伤害

53—56.

有个年轻人刚进公司，老板交给他一项简单的工作，他觉得这样不足以展现自己的才能，于是请老板多给他安排一些事做。

老板听了之后，说："我举个例子，如果我一次扔给你一个球，你肯定很容易就能接到。当你把那个球拿__53__之后，再扔给你第二个，你肯定也能抓住。但是如果我同时扔给你两个球，__54__。同样是为了接住两个球，__55__非要一起接呢？这跟工作是一个道理，如果你手中有两项任务，必须先保证把__56__一项做好，再去做另一项，免得手忙脚乱，最后一个都做不好。"

53. A 稳　　　　B 歪　　　　C 熟　　　　D 赢
54. A 如果换你来投球　　　　B 大概会捡到别的球
    C 你恐怕一个都抓不住　　D 而且扔球时难免会摔倒
55. A 尽量　　　B 何必　　　C 总算　　　D 幸亏
56. A 周围　　　B 当地　　　C 其余　　　D 其中

57—60.

2016年4月12日，吉尼斯世界纪录的相关负责人正式确认《新华字典》是世界上"最受欢迎的字典"和"最畅销的书"。__57__，其全球发行量已达5.67亿本。

《新华字典》是中国当代第一部现代汉语字典，由商务印书馆__58__，是全球汉语学习者必备的工具书。吉尼斯世界纪录全球高级副总裁说："在过去一年里，我们团队对这两项纪录__59__了大量的数据调查、汇总和审核工作。从这本小字典惊人的销量可以看出它在推广和学习汉语方面扮演着重要__60__。"

57. A 该软件禁止从网上下载　　B 至今官方还未公布结果
    C 其销量近年在逐步下滑　　D 到这两项纪录统计的时间为止
58. A 描写　　　B 出版　　　C 复制　　　D 建设
59. A 促使　　　B 形成　　　C 进行　　　D 到达
60. A 角色　　　B 力量　　　C 个性　　　D 智慧

第二部分

第61-70题：请选出与试题内容一致的一项。

61. 所谓微运动，是一种通过简单易行的小动作来缓解身心疲劳的运动形式。微运动尤其适合久坐不动的上班族，如果他们能在工作时抽时间活动活动，除了能放松身体，还能变得更加精神。

    A 微运动的动作优美
    B 微运动能缓解疲劳
    C 微运动能让人胃口更好
    D 微运动能使人身材苗条

62. 回南天是中国南方地区的一种天气返潮现象，一般出现在三四月份。回南天出现时，到处都很潮湿，甚至连墙壁和地面都会"渗水"。这主要是因为冷空气走后，气温回升，空气湿度加大。此外，回南天还容易形成大雾，严重时可使能见度降至50米。

    A 回南天通常会降温
    B 回南天会带来虫害
    C 回南天出现时空气很潮湿
    D 回南天时人们会呼吸困难

63. 为什么玩儿雪后人们会觉得手变热了呢？这是因为手接触到雪后，皮肤受到刺激，大脑迅速做出反应，从而带动血液循环，血管里的血液马上流向了手部的毛细血管。血液的流动带来了热量，因此手就不感觉凉了。

    A 摸雪可能会冻伤手
    B 长期手冷的人消化不好
    C 大脑受到刺激反应会变快
    D 手部发热和血液流动有关

64. 当自己的需求无法得到满足而产生挫折感时，为了缓解内心的不安，人们通常会编造一些理由来安慰自己，从而摆脱消极的心理状态。这在心理学上被称为"酸葡萄心理"，属于人类心理防卫功能的一种。

    A 爱找借口的人缺乏自信
    B 骄傲的人更在乎别人的评价
    C 有"酸葡萄心理"的人很悲观
    D "酸葡萄心理"有助于调整心态

65. 宋代是节日最多的一个朝代，当时最重要的节日有元旦、寒食和冬至，这三个节日分别会放七天假，相当于现在的"黄金周"。除此之外，还有其他几十种大大小小的节日，再加上每隔十天一休的旬假，算下来宋代一年就有长达一百多天的假期。

   A 宋朝已经有双休日了
   B 宋代元旦会放一周假
   C 宋代很注重农业的发展
   D 宋朝每月中旬放半天假

66. 双峰林场位于黑龙江省，海拔超过1000米。这里降雪频繁，每年的积雪期长达七个月，年平均积雪厚度近两米，雪量堪称中国之最，再加上这儿的雪质好，黏度高，因此素有"中国雪乡"的美誉。

   A 雪乡的气候非常宜人
   B 双峰林场内设有游乐场
   C 黑龙江地区海拔都很高
   D 双峰林场的积雪期超过半年

67. 我们在选购商品时，常常会听到像薄荷绿、珍珠白、蜜桃粉这样的色彩用词，这种在基本的颜色词前加上某种具体事物的名称，以细化颜色分类的做法，已经成为一种流行趋势，因为它能增强词语的表现力，使色彩更加形象。

   A 年轻人都热爱新奇的事物
   B 深色的商品更受市场欢迎
   C "薄荷绿"比"绿"更形象
   D 食物的颜色越鲜艳味道越好

68. 深圳地铁11号线于近日首次进行了载人试运行。该线路全长51.9公里，最高时速为120公里，是中国目前时速最快、编组最大、噪音最低的地铁。另外，车厢内蓝天白云的顶灯设计，也给乘客带来了独特的乘坐体验。

   A 深圳最近开通了首条地铁
   B 深圳在制造无人驾驶列车
   C 深圳11号线地铁时速很快
   D 深圳11号线地铁是观景列车

69. 世界园艺博览会是最高级别的专业性国际博览会，简称世园会，其宗旨是宣传生态文明。许多国家和地区通过举办世园会向全世界人民展示自然之美、园艺之美，并借此提升自身形象、增进交流。

    A 世园会提倡节约能源
    B 世园会由民间团体发起
    C 世园会能促进各国间交流
    D 办世园会是为了带动消费

70. 当我们接手一项大任务时，常常会感到压力巨大，不知从何做起。这时你不妨把大任务分成几个具体的小任务。你会发现，只要自己尽力完成每一个小任务，整体就变得轻松多了。

    A 要敢于追求理想
    B 完成大任务要讲究方法
    C 行动之前要广泛征求意见
    D 遇到麻烦要及时寻求帮助

第三部分

第71-90题：请选出正确答案。

71-74.

在某次智力大赛中，经过激烈的竞争后，最后一轮只剩下四位选手。这时，主持人给出了比赛的题目："下面请四位选手轮流串讲一个故事。故事的第一句是'今晚的月光很好……'"

甲选手接过话筒，随口说道："演出结束后，我独自一人走在回家的路上，忽然身后传来一声枪响……"

话筒传到了乙选手手中，乙接着说："我慌忙回过头去，看到警察正在追赶一个拿着枪的人……"

轮到第三位选手丙了，丙说："经过一番追逐，警察终于抓住了那个坏人。"

故事讲到这儿，似乎已经结束了，这时话筒传到了最后一位选手丁的手中。该怎样接下去，才能使故事的结局新颖而巧妙呢？丁灵机一动，说道："写到这里，年轻的作家一把撕掉稿纸，自言自语地说：'我怎么会写出如此老套无聊的故事呢！'"

观众听了，纷纷鼓掌叫好，而丁选手也理所当然地获得了大赛的冠军。

71. 根据最后一轮比赛的规则，选手们要：
    A 准备一个演讲   B 讲最难忘的旅行
    C 围绕某个话题辩论   D 共同讲完一个故事

72. 前三位选手讲的是什么内容？
    A 童年的趣事   B 警察抓坏人
    C 赏月的步骤   D 对社交媒体的看法

73. 观众对于丁选手的表现持什么态度？
    A 很失望   B 不太关注
    C 相当感动   D 十分赞赏

74. 根据上文，下列哪项正确？
    A 有的选手弃权了   B 丁选手拿到了冠军
    C 甲选手没进入决赛   D 乙选手碰到了危险

75-78.

有座城市出现了一些特殊的广告牌，许多人在它们面前停下了匆忙的脚步。

它们到底有什么魅力呢？

这些广告牌是一家公司为宣传一种运动饮料而设计的。最初多数人都建议把广告牌设计成电子显示屏，请明星拍一段广告，在电子屏上循环播放。可是，该公司的经理认为这种形式的广告不仅成本高，而且缺乏新意，很容易被人忽视。

"既然这是一款运动饮料，那我们可以从运动入手，针对那些热爱运动的人群来设计广告牌。"一位设计师的话提醒了众人。

在整个设计团队的努力下，这款集运动健身与广告宣传于一体的广告牌便与大家见面了。广告牌呈现的形式多种多样，有的是可以攀爬的墙，有的是可以跑步的平板，有的则是可练习拳击的软墙……路过的人都可以免费体验。如果你的表现不错，还会得到它的赞美："你比想象中更有力量！"那款运动饮料则被印在广告牌的一角上，人们运动完看到它，便会有将其一饮而尽的想法，而这也正是设计者想要的效果。

75. 不同于传统的广告牌，那款广告牌：
    A 可以移动   B 能用来健身
    C 有查询功能   D 有电子显示屏

76. 经理为什么反对请明星拍广告？
    A 毫无新鲜感   B 花费时间过长
    C 有过失败的经历   D 找不到合适的人选

77. 人们运动完后看到广告牌会：
    A 跟广告牌合影   B 报名参加比赛
    C 想喝那款饮料   D 忽视广告内容

78. 根据上文，正确的是：
    A 广告牌都放于室内 B 广告牌的费用极低
    C 那款广告牌效果很好 D 广告的创意是经理提出的

79-82.

有个人得到了一匹千里马,但一直把它当普通马一样饲养和使用。有一天,他有急事需要用到千里马,但千里马却跑得很慢。后来,他反省了一下,认为是自己平时对千里马不够关心,所以才导致千里马变得跟普通的马一样。于是,他又养了一匹千里马。

他请最好的工匠制作了一副精美的马鞍,就连马镫和马嚼也是用最好的黄铜打造的。同时,他还花重金为千里马修建了豪华的马厩,并从远方买来最好的草料。在他的悉心照料下,千里马看上去果然更加雄健了。他为了保存千里马的体力,使它在关键时刻更好地发挥优势,平时都舍不得让千里马奔跑,更舍不得骑这匹马,就这样,千里马每天都在豪华的马厩内享受着美味,悠闲地生活。

一年一度的赛马大会要召开了,那个人认为千里马的表现机会终于到了。他把千里马细心打扮了一番,然后牵着它向赛场走去。他们走到哪里,哪里便发出一阵阵赞叹声,这令他非常得意!

比赛就要开始了,他骄傲地昂着头,似乎冠军已经是他的了。

发令枪一响,大家都开始驱马狂奔,可他的千里马却怎么也快不起来。他气极了,一个劲儿地催马赶紧跑,结果不催还好,一催千里马干脆停下来不动了。最后,他只好牵着马退出了比赛。这时他才明白,发现千里马只是第一步,重要的是如何培养千里马。

79. 那个人认为第一匹千里马能力下降的原因是:
A 那匹马受过伤　　　　　　B 对它缺少关心
C 在院子里待久了　　　　　D 干的活儿太少了

80. 根据第2段,那个人为什么不让千里马奔跑?
A 担心它跑丢　　　　　　　B 怕马踢到路人
C 怕它摔坏货物　　　　　　D 想让它保存体力

81. 比赛场上,那匹千里马最后怎么了?
A 被禁赛了　　　　　　　　B 停住不跑了
C 吓跑了行人　　　　　　　D 把路牌撞倒了

82. 上文主要想告诉我们:
A 怎么发现千里马　　　　　B 千万别天天训练千里马
C 赛马时如何获得好名次　　D 正确养马比发现好马更重要

83-86.

　　明式家具是指自明朝中期以来，工匠们用各种进口木材制作的硬木家具。虽然中国许多地方都生产明式家具，但以苏州生产的最受欢迎，因此也被称为"苏州明式家具"。

　　明式家具因其鲜明的艺术风格和地方特色而独树一帜，具有"结构严谨、线条流畅、技艺精良、漆泽光亮"的特点，达到了中国古代家具制作技艺的最高峰。真正的明式家具不论大小，制作时都不会使用一滴胶水、一颗钉子。工匠们通过传统的技艺将各个部件组合起来，同时也会考虑到冷热干湿等因素对家具的影响，使其能充分适应外在条件并且不会变形。而且明式家具的线条弧度符合人体结构特征，比如明式椅子，坐上去不仅舒适，还有助于纠正坐姿。此外，江浙匠人能合理利用木料，甚至连很小的木片都能派上用场，可谓是"惜木如金"。

　　明式家具的产生离不开当时的社会条件。明初社会经济复苏，社会生产得以发展，手工业也有了较大进步。工匠能利用自由时间从事手工艺活动，从而为手工业的发展提供了有利条件。

83. 下列哪项**不**属于明式家具的特点？
    A 不会变形　　　　　　　B 不用钉子
    C 多绘有装饰图　　　　　D 符合人体结构特征

84. 第2段中，"惜木如金"最可能是什么意思？
    A 提高家具的售价　　　　B 将木材看得很宝贵
    C 花大价钱购买木材　　　D 质量好的家具比黄金值钱

85. 明式家具为什么能得到很好的发展？
    A 海外需求量大　　　　　B 有相关政策支持
    C 手工业取得了进步　　　D 苏州运输条件便利

86. 根据上文，正确的是：
    A 明式家具多很轻便　　　B 明式家具只在苏州售卖
    C 明式家具的生产技艺极高　D 明式家具的木材多来自东北

87-90.

如今，养宠物的人越来越多，但忙碌的工作令很多人没有足够的时间照顾它们。为了解决这个难题，宠物智能可穿戴设备应运而生。

目前的宠物智能可穿戴设备可以实现宠物的健康监测、位置监控、宠物社交以及人宠沟通等功能。以"人宠沟通功能"为例，虽然宠物跟着主人生活久了，关系会变得非常亲密，但是主人却依然无法完全了解它们的想法。如果你的宠物戴上了智能头戴式耳机，耳机内部的微型电脑就能扫描出它的脑电图，然后对其进行分析处理，最后通过扬声器用人类的语言表达出来。

尽管目前该设备所分析出来的宠物想法非常有限，仅有"我饿了""我累了""那个人是谁"等最简单的语言，不过研究人员正在努力地做进一步研究，希望解读出宠物更加复杂的想法，让宠物智能可穿戴设备"说"出更多的句子。

正如智能手环、智能手表等设备改变了人类的生活方式一样，宠物智能可穿戴设备未来或许也会改变人类养宠物的方式。

87. 现在的人们养宠物有什么难题？
A 没空儿照顾它们　　　　B 要办理许多手续
C 给宠物治病很贵　　　　D 宠物会妨碍人们做家务

88. "人宠沟通功能"可以：
A 规范宠物的行为　　　　B 控制宠物的情绪
C 让主人更了解宠物　　　D 向宠物传达主人的命令

89. 根据第3段，研究人员进一步研究是为了：
A 完善宠物医疗服务　　　B 救助无家可归的动物
C 确保养宠物家庭的安全　D 解读宠物更复杂的想法

90. 下列哪项最适合做上文标题？
A 养宠物的注意事项　　　B 宠物行业的调查分析
C 科技改变养宠物的方式　D 宠物疾病的预防与治疗

三、书 写

第一部分

第91-98题：完成句子。

例如：发表　　这篇论文　　什么时候　　是　　的

　　　这篇论文是什么时候发表的？

91. 他　　犹豫　　要不要辞职　　还在

92. 写作　　业余　　时间　　她　　经常利用

93. 玉米的　　营养价值　　高　　非常

94. 昆虫种类　　有　　多少　　种　　目前已知的

95. 参考　　这些　　值得　　我们　　研究成果

96. 酒吧　　我的　　经营　　梦想　　是　　一家

97. 赔偿　　保险公司　　都　　全部的　　损失　　由

98. 取消了　　那趟　　航班　　因天气原因　　被　　临时

第二部分

第 99-100 题：写短文。

99. 请结合下列词语（要全部使用，顺序不分先后），写一篇 80 字左右的短文。

　　风俗　　比如　　表示　　特色　　至今

100. 请结合这张图片写一篇 80 字左右的短文。

试卷二听力材料

（音乐，30秒，渐弱）

大家好！欢迎参加HSK（五级）考试。
大家好！欢迎参加HSK（五级）考试。
大家好！欢迎参加HSK（五级）考试。

HSK（五级）听力考试分两部分，共45题。
请大家注意，听力考试现在开始。

第一部分

第1到20题，请选出正确答案。现在开始第1题：

1. 女：刚广播里说，市区现在堵车特别严重。
   男：幸亏我们提前出发了，不然还真可能误了飞机。
   问：根据对话，可以知道什么？

2. 男：周教授，您觉得这幅山水画怎么样？
   女：色彩处理得非常好，作者基本功不错。
   问：周教授对那幅画儿的评价如何？

3. 女：家里还有肥皂，你怎么又买了这么多？
   男：楼下超市在推广手机支付，日用品全场半价。
   问：哪类商品在打折？

4. 男：北京天气太干燥了，我嗓子这几天一直不舒服。
   女：你可以买台空气加湿器放卧室，应该会好点儿。
   问：女的建议男的怎么做？

5. 女：周五投资方会派代表来谈判，你接待一下。
   男：好的，我马上跟对方联系。
   问：女的给男的安排了什么工作？

6. 男：上次出差住宿的发票还留着吧？会计找你要呢。
   女：我找找啊，我记得我收起来了。
   问：女的在找什么？

7. 女：这只小猫好像对什么都很好奇，跑来跑去的，一刻也不闲着。
   男：可不是，它能跟自己的影子玩儿一上午。
   问：关于那只小猫，可以知道什么？

8. 男：你怎么买了这么大一面镜子？
   女：我想把它装在客厅的墙上，这样以后我就能在家练舞了。
   问：关于女的，下列哪项正确？

9. 女：前台说要交六百块押金，可我身上没带那么多钱。
   男：还差多少？外面有自动取款机，我去取。
   问：女的遇到了什么问题？

10. 男：你手指又细又长，很适合弹钢琴。
    女：我小时候学过一段时间，但没坚持下来，现在想想都后悔。
    问：男的觉得女的怎么样？

11. 女：这部纪录片没中文字幕，我理解起来很吃力。
    男：不要紧，多看几遍就懂了。
    问：女的在看哪种类型的影片？

12. 男：你再检查一遍，准考证带了没？
    女：啊！忘在抽屉里了，多亏你提醒我，不然就糟了。
    问：女的忘带什么了？

13. 女：这个书架挺好看的，等咱家装修好了可以放在书房。
    男：太占空间了吧？书房估计放不下。
    问：男的觉得那个书架怎么样？

14. 男：外公一大早去哪儿了？
    女：他吃完早餐就和几个邻居到池塘边钓鱼去了。
    问：外公干什么去了？

15. 女：这周末单位组织去旅游，你的小狗怎么办？
    男：我已经跟室友打过招呼了，到时候让他帮忙照顾一下。
    问：男的请谁帮忙照顾小狗？

16. 男：昨天那位物理学家的讲座特别精彩！你去听了吗？
    女：没有，我去实习了，工作都提前安排好了，没办法请假。
    问：女的为什么没去听讲座？

17. 女：这条路上景色真美，两旁的建筑很有特色。
    男：那当然，这可是古代丝绸之路经过的地方呢！
    问：关于那条路，可以知道什么？

18. 男：我想去滑雪，可是不知道哪个滑雪场好。
    女：开发区那边新开了一家，价格不贵，设施也很全。推荐你去。
    问：女的觉得那家滑雪场怎么样？

19. 女：你身体还没完全恢复，出院后要多吃易消化的食物，不要熬夜。
    男：谢谢张大夫，我会注意的。
    问：张大夫让男的出院后怎么做？

20. 男：电脑怎么突然关机了？我刚才写的文章还没保存呢。
    女：文档应该会自动恢复，你重新开机看看。
    问：男的刚才在做什么？

第二部分

第21到45题，请选出正确答案。现在开始第21题：

21. 女：师傅，我的摩托车修好了吗？
    男：要换一个零件，我得先跟工厂订购。
    女：那大概需要多长时间？
    男：至少得一周。
    问：男的在修什么？

22. 男：喂，我到约定地点了，怎么没看到你？
    女：不好意思，我好像迷路了。
    男：先别着急，你附近有什么标志性建筑吗？
    女：我对面是国家博物馆。
    男：我知道了，我这就过去找你。
    问：女的现在在哪里？

23. 女：终于买到票了，不过只抢到一张二等座，另一张是商务座。
    男：那咱俩不在一个车厢？
    女：对，商务座在一号车厢，二等座在六号。
    男：没关系，票这么难买，有座位就行。
    问：根据对话，下列哪项正确？

24. 男：听说你通过农业银行的面试了，签了吗？
    女：暂时还没，有一家出版社也给了我录用通知，我在犹豫签哪家。
    男：银行的待遇应该比出版社好吧？
    女：是，但我怕会很无聊。
    问：女的担心银行的工作会怎么样？

25. 女：我是《娱乐报》的记者，来参加电影节开幕式。
    男：请您出示一下有效证件。
    女：给，这是我的记者证和邀请函。
    男：谢谢您的配合，请进。
    问：男的要求女的怎么做？

26. 男：听说蝴蝶泉的景色特别美。
    女：是，那儿是大理最著名的景点之一。
    男：我本来打算国庆节过去转转，但又担心人太多。
    女：你可以休年假的时候去，避开旅游高峰期。
    问：女的建议男的什么时候去大理？

27. 女：这些照片都是你拍的吗？感觉好专业。
    男：谢谢，摄影是我平时的一大爱好。
    女：那你觉得拍什么最难？
    男：人物吧，因为人的表情很难抓拍到。
    问：男的为什么觉得人物不好拍？

28. 男：下半年的销售方案你做出来了吗？
    女：最近工作太多，我还没来得及做呢。
    男：抓紧时间吧，领导在催了。
    女：好的，我争取尽快完成。
    问：女的要尽快完成什么？

29. 女：第一次尝试这类角色，感觉怎么样？
    男：我觉得压力很大，不过也很开心。
    女：为什么？
    男：这个角色在剧中其实很矛盾，对我来说是个不小的挑战，但同时也是一次锻炼的机会，所以我很珍惜。
    问：男的认为那个角色怎么样？

30. 男：活动场地确定了，在会议室。
    女：那边怎么样？我还从来没去过。
    男：空间大，设备都很新，你可以提前过去检查一下。
    女：行，我一会儿就过去。
    问：会议室怎么样？

第 31 到 32 题是根据下面一段话：

戴逵是东晋著名的画家。他既博学多识，又谦虚好学。

一次，他给寺院画佛像，画完后想听听大家的意见，但又担心别人出于礼貌，不肯当面批评。于是，他把画像放在寺院里供人们参观，并在画像后挂上帘子，自己则躲在帘子后面，用心记下大家的评论和意见，然后参考这些评价对画像进行修改。这样反复多次，直到人人称赞为止。

31．戴逵在哪儿听大家对画像的评价的？
32．根据这段话，戴逵是个怎样的人？

第 33 到 35 题是根据下面一段话：

有位优秀的保险公司销售人员，在一次演讲中分享了许多自己的工作技巧。台下有位观众好奇地问他："你为什么把这么重要的信息公开？难道你不怕别人都照你说的去做了，对手越来越多吗？"

销售人员回答："没关系，听完我的演讲，真正会去实践的可能只有百分之二十的人。在这部分人里，又只有少数能坚持下去，然后获得成功。对我来说，这么少的对手有什么好害怕的呢？"

33．销售人员在演讲中说了什么？
34．销售人员为什么不担心？
35．这段话主要想告诉我们什么？

第 36 到 38 题是根据下面一段话：

一项调查表明，在制作衣服的过程中，通常会有百分之十五的面料被当作垃圾直接丢掉，这给环境带来巨大的压力。一方面，生产这些面料消耗了大量的能源；另一方面，丢弃的这些面料还可能会造成污染。

因此，有服装设计师提出了"零浪费设计"的理念。首先，作为设计师，在剪裁之前必须计算好如何最有效地利用面料，尽可能地实现"零浪费"。其次，要懂得利用服装行业的废料，以保证充分使用所有面料。

36．根据这段话，下列哪项正确？
37．"零浪费设计"理论是谁提出的？
38．怎样才能做到"零浪费设计"？

第 39 到 41 题是根据下面一段话：

说起自行车比赛，一般比的是谁速度快，但一些骑行爱好者却组织了一场自行车慢骑比赛。这场比赛分男女两组进行，车道仅有二十米长、两米宽，到达终点用时最长且不犯规者即可获胜。

比赛一开始，参赛选手便想尽办法阻止自行车向前走。赛场上趣味十足，笑料百出。有的车子顺从主人心意，稳稳停在原地；有的则不听指挥，一直向前冲；还有的车子一不小心就拐到线上犯了规。

比赛组织者在接受采访时说："如今社会发展太快，我们希望通过这样的活动，让大家充分享受慢生活的乐趣。"

39．关于那场比赛，下列哪项正确？
40．为了获胜，参赛者是怎么做的？
41．组织这场比赛的目的是什么？

第 42 到 43 题是根据下面一段话：

很多孩子都喜欢玩儿毛绒玩具，但是这种玩具很容易吸灰，需要经常清洗，而且水洗后难以回到刚买时的状态。

其实，要想解决这个问题也不难，准备一袋粗盐和一个大塑料袋，将毛绒玩具装入塑料袋中，倒入一些粗盐，然后封紧袋口，将袋子来回摇晃。过一会儿，玩具就会变得非常干净。因为将粗盐与玩具放在一起晃动，会产生静电，而毛绒玩具上的灰尘本身也带电，这样一来，脏东西就会被盐吸走。另外，这种方法还能使毛绒玩具的颜色恢复到以前的鲜亮状态，可谓一举两得。

42．根据这段话，毛绒玩具有什么特点？
43．关于去掉毛绒玩具上灰尘的方法，下列哪项正确？

第 44 到 45 题是根据下面一段话：

一个商人到金融街一家银行贷款五千元，并定于两周后还钱。由于银行贷款必须有抵押，他便抵押了停在银行门口的汽车，于是银行职员将那辆车停在了银行的地下车库里。

两周后这个商人来还钱，除了借的那五千，他还交了十五元的利息。这时，银行职员发现商人的账户上竟然有好几百万，便询问他借钱的原因。商人说：十五元两周的停车场，在金融街是永远找不到的。

44．商人去银行做什么了？
45．根据这段话，可以知道什么？

听力考试现在结束。

试卷二答案

一、听 力

第一部分

1. B	2. D	3. C	4. C	5. D
6. B	7. D	8. C	9. D	10. B
11. A	12. B	13. D	14. A	15. C
16. A	17. A	18. B	19. A	20. B

第二部分

21. C	22. D	23. D	24. A	25. A
26. D	27. B	28. A	29. B	30. A
31. C	32. A	33. A	34. B	35. C
36. D	37. D	38. A	39. A	40. D
41. D	42. C	43. A	44. A	45. A

二、阅 读

第一部分

46. C	47. B	48. D	49. B	50. A
51. A	52. C	53. A	54. C	55. B
56. D	57. D	58. B	59. C	60. A

第二部分

61. B	62. C	63. D	64. D	65. B
66. D	67. C	68. C	69. C	70. B

第三部分

71. D	72. B	73. D	74. B	75. B
76. A	77. C	78. C	79. B	80. D
81. B	82. D	83. C	84. B	85. C
86. C	87. A	88. C	89. D	90. C

三、书 写

第一部分

91. 他还在犹豫要不要辞职。
92. 她经常利用业余时间写作。
93. 玉米的营养价值非常高。
94. 目前已知的昆虫种类有多少种？
95. 这些研究成果值得我们参考。
96. 我的梦想是经营一家酒吧。
97. 全部的损失都由保险公司赔偿。
98. 那趟航班因天气原因被临时取消了。/因天气原因那趟航班被临时取消了。

第二部分

（略）

汉语水平考试
HSK（五级）

试 卷 三

注　　意

一、HSK（五级）分三部分：

　　1. 听力（45题，约30分钟）

　　2. 阅读（45题，45分钟）

　　3. 书写（10题，40分钟）

二、听力结束后，有5分钟填写答题卡。

三、全部考试约125分钟（含考生填写个人信息时间5分钟）。

中国　北京　　　　　　孔子学院总部/国家汉办　编制

一、听 力

第一部分

第1-20题：请选出正确答案。

1. A 买球拍
   B 学射击
   C 给病人打针
   D 指导女的发球

2. A 家具店
   B 花鸟市场
   C 宠物商店
   D 长途汽车站

3. A 字幕显示有误
   B 男的热爱舞台剧
   C 女的去看京剧了
   D 他们约好去看戏

4. A 中奖了
   B 没钱结账
   C 捡到了钱包
   D 做生意赔钱了

5. A 白天不营业
   B 投入成本很高
   C 老板是个八零后
   D 那儿原来是工厂

6. A 外公
   B 姑姑
   C 孙女
   D 舅舅

7. A 部门经理
   B 参会的人
   C 所有职员
   D 受邀嘉宾

8. A 看演唱会
   B 去亲戚家
   C 招待室友
   D 出去度假

9. A 邻居在吵架
   B 隔壁在装修
   C 楼上在搬家
   D 有人放鞭炮

10. A 创业
    B 结婚
    C 读博士
    D 考公务员

11. A 打折时再买
    B 咨询一下店员
    C 去实体店试穿
    D 看其他买家的评价

12. A 正在升级系统
    B 柜台人手不足
    C 换了新型取款机
    D 推出了网上银行

13. A 演得很成功
    B 经常说错台词
    C 表演经验丰富
    D 不理解剧中人物

14. A 向右转
    B 打开车窗
    C 减速或停车
    D 超过前面的车

15. A 有人退赛了
    B 参赛顺序要调
    C 比赛规则不公平
    D 最佳辩手没评出来

16. A 记者
    B 律师
    C 会计
    D 大夫

17. A 安慰
    B 抱怨
    C 责备
    D 称赞

18. A 赶紧重写
    B 上网搜索方法
    C 把论文复制一下
    D 在回收箱里找找

19. A 市区绿化情况
    B 室内装饰材料
    C 房屋修建的步骤
    D 古建筑墙壁的特点

20. A 在减肥
    B 刚吃饱
    C 有些晕车
    D 食物过敏

第二部分

第 21-45 题：请选出正确答案。

21. A 打进了决赛
    B 是武术教练
    C 在鼓励女的
    D 会打太极拳

22. A 体育集训
    B 参加夏令营
    C 去外地实习
    D 出国做交换生

23. A 音质好的
    B 内存大的
    C 能手写输入的
    D 电池寿命长的

24. A 成绩单丢了
    B 忘记密码了
    C 没带准考证
    D 护照过有效期了

25. A 列车晚点了
    B 记错地点了
    C 服装有问题
    D 去拿麦克风了

26. A 不会涨房租
    B 车库随便用
    C 水电费减半
    D 赠送全年网费

27. A 总裁秘书
    B 理财专家
    C 对方负责人
    D 生产商代表

28. A 别把腰扭了
    B 别弄脏窗帘
    C 别让眼睛里进灰
    D 别从椅子上摔下来

29. A 催外卖
    B 想寄包裹
    C 家电坏了
    D 要取消预订

30. A 买门票
    B 开收据
    C 交罚款
    D 复印证件

31. A 功夫高强
    B 下棋很厉害
    C 写了许多诗
    D 善于指挥作战

32. A 记忆力都很好
    B 后来都很出色
    C 所用教材不一样
    D 学习态度差别大

33. A 顶端
    B 正中间
    C 下半段
    D 树根上

34. A 一般用浅灰色
    B 刷得越薄越好
    C 对树种有要求
    D 多在入冬前进行

35. A 净化空气
    B 防止树木被刮倒
    C 预防冻伤和虫害
    D 加快树木生长速度

36. A 内部很豪华
    B 多次遇到大火
    C 是政府出资建的
    D 已建成三百多年

37. A 建校第一年
    B 礼堂刚建时
    C 收到工程款时
    D 新校长上任时

38. A 礼堂被拆掉了
    B 工人赚了一大笔钱
    C 那位建筑师令人佩服
    D 非本校人不能进礼堂

39. A 售价都较低
    B 存放时间更长
    C 能让人更有食欲
    D 风吹雨打时受到的压力小

40. A 表面积小
    B 果皮比较厚
    C 树叶挡住了阳光
    D 都种在雨水多的地方

41. A 方形水果味道更甜
    B 北方的水果成熟得快
    C 水果的形状跟当地土壤有关
    D 圆球形水果是自然选择的结果

42. A 能自动充电
    B 所售冷饮半价
    C 能打印文学作品
    D 分布在各大高校

43. A 随处都用新能源
    B 能让人交流思想
    C 拥有更多图书馆
    D 人人都关注新闻

44. A 熬夜的第二天
    B 注意力不集中时
    C 身体感到不适时
    D 完成单调的任务后

45. A 歇一歇
    B 喝提神饮料
    C 听经典歌曲
    D 去郊外散步

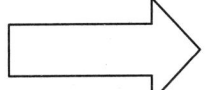

二、阅 读

第一部分

第 46-60 题：请选出正确答案。

46-48.

广播里经常会播报"北京时间"，其实　46　来说，这是不准确的。这里所说的"北京时间"并不是北京市的当地时间，而是指东经120度的时间。　47　上，江苏省的常州市和泰州市这两地的当地时间，更　48　广播里所说的"北京时间"。而当广播里报"现在是北京时间12点整"的时候，北京市的当地时间应该是 11 点 45 分 36 秒，还不到 12 点。

46. A 谦虚　　　B 密切　　　C 严肃　　　D 严格
47. A 事实　　　B 整体　　　C 常识　　　D 实话
48. A 接近　　　B 包括　　　C 达到　　　D 等于

49-52.

包装盒上一般会印有一些特殊的标志，比如一个温度计、一朵雪花、一个酒杯等等。这些标志其实都有一定的含义，它们是根据国际标准，对于物品运输、保存过程或物品本身的物理、化学　49　进行说明的指示性标志。

举例来说，"酒杯"的意思是盒子内的物品为易碎品，　50　；"雨伞"说明物品容易受潮，需要保存在　51　的环境中；方框中的数字则表明物品在存放时最高可以叠放的层数。

这些标志一般都被印在较为明显的地方，便于　52　人们在运输、装卸和保管物品时需要注意的问题。

49. A 程度　　　　B 性质　　　　C 本质　　　　D 重量
50. A 要远离油烟　　　　　　　B 需要轻拿轻放
　　C 不能晒到太阳　　　　　　D 要堆放在墙角
51. A 清淡　　　　B 粗糙　　　　C 敏感　　　　D 干燥
52. A 妨碍　　　　B 命令　　　　C 劳驾　　　　D 提醒

53-56.

在一些体育比赛中，常出现这样的现象：许多本来在比分上占有优势的选手，往往会__53__地被对手反超，最后痛失金牌。

有位心理学家认为，这肯定不是实力方面的问题。于是，他花了两年时间，__54__了近百名有类似经历的选手。最终发现，导致他们失败的原因几乎一样：一开始他们会用尽全力向对手进攻，等到快成功的时候，为了能稳中取胜，__55__，并转为防守状态。这样做不仅给了对手__56__状态的机会，更糟糕的是，还把进攻的主动权让给了对手。

53. A 艰苦　　　B 矛盾　　　C 意外　　　D 落后
54. A 采访　　　B 谈判　　　C 传播　　　D 交际
55. A 让对手逐渐失去信心　　B 他们开始变得小心起来
    C 他们通常会被对手打败　　D 赛场的气氛让他们更加活跃
56. A 调整　　　B 启发　　　C 归纳　　　D 指挥

57-60.

很多人通过付出各种代价来换取金钱和__57__，现在他们开始反思：生活本应像彩虹一样丰富多彩，而自己却只追求彩虹中的那一两种颜色，他们渐渐意识到这种"自我损耗"的生活态度是不可取的，因此越来越多的人__58__了自己的生活方式，希望成为积极向上的"彩虹族"。

"彩虹族"指的是这样一类人：他们能在工作和生活中找到平衡点，每天的生活都如彩虹一样美好。他们有意识地为自己减压，注意均衡营养，__59__拒绝不健康食品，坚持锻炼，确保睡眠充足，并会定期体检。他们追求健康、快乐的生活方式，__60__。

57. A 座位　　　B 地点　　　C 地位　　　D 地区
58. A 删除　　　B 省略　　　C 兑换　　　D 改变
59. A 虚心　　　B 乐观　　　C 主动　　　D 坚强
60. A 认为自由最宝贵　　　B 生活态度十分积极
    C 没有什么业余爱好　　D 永远把家人放在第一位

第二部分

第 61-70 题：请选出与试题内容一致的一项。

61. 1948年，世界精神卫生组织把每年的5月8日定为"世界微笑日"。这是唯一一个庆祝人类行为表情的节日。该组织希望通过微笑促进人类身心健康，同时在人与人之间传递快乐与友善，增进社会和谐。

    A 赞美能改善人际关系
    B 爱微笑的人更值得信任
    C 有关组织将增加表情节日
    D 世界微笑日希望传播快乐

62. 很多人喜欢把水果和蔬菜混在一起放进冰箱。其实，不同的水果和蔬菜有不同的保存方法，如果把它们随意放在一起，极易缩短它们的保鲜时间，因此，最好将水果和蔬菜分类包装，然后分区域保存。

    A 蔬菜要在常温中保存
    B 夏季果蔬的保鲜期会缩短
    C 不同的果蔬保存条件不同
    D 果蔬一起保存营养不会流失

63. 人如果能利用好效率最高的那段时间，那么只要投入20%的精力就能有80%的收获。相反，如果是在效率低的时间段内工作，即使投入80%的精力也只能有20%的收获。因此，我们要把握住一天中效率最高的那段时间，用来解决最难和最需要思考的事情。

    A 要明确自己的职业方向
    B 别让工作成为你的全部
    C 紧急的事情要尽快解决
    D 要合理利用高效率时段

64. 安平桥位于福建省安海镇，因安海镇古称安平道而得名。安平桥始建于南宋，历时14年建成，是中国现存最长的古代石桥，享有"天下无桥长此桥"的美誉，它充分显示了中国古代劳动人民在桥梁建造方面所取得的辉煌成就。

    A 安平桥因其地理位置得名
    B 安平桥现在不允许游人参观
    C 安平桥是目前中国最长的桥
    D 安平桥只有桥面被保留了下来

65. 北京大学生电影节创立于 1993 年，它以"大学生办、大学生看、大学生拍、大学生评"为特色，在教育、文化和影视三个领域都有深远影响。该电影节的学生评委来自全国多所高校，参与人数居中国的电影节之首。

    A 获奖影片由导演投票选出
    B 该电影节期间有免费电影展
    C 该电影节在教育界很有影响力
    D 该电影节由北京电影学院主办

66. 机器人之所以能够听懂人讲话，是因为它安装了类似于人耳的"听觉器官"。机器人的"耳朵"是靠电脑系统控制的，然后按照人们事先编好的程序进行工作。它无法像人脑那样独立分析事物，所以机器人的"听力"是有限的。

    A 机器人无法独立分析事物
    B 机器人能记住人们的嗓音
    C 机器人仅能听到近距离声音
    D 未来机器人能与人正常对话

67. 西安鼓乐起源于隋唐，是千百年来流传在西安及其周边地区的汉族民间大型鼓乐，也是目前中国境内保存最完整的大型民间乐种之一。西安鼓乐至今仍存有相当完整的曲目、谱式和演奏形式，被誉为"中国古代音乐活化石"。

    A 西安鼓乐历史悠久
    B 西安鼓乐的曲风多变
    C 西安鼓乐已于近代失传
    D 西安鼓乐是一种舞蹈形式

68. 睡眠树生长在热带，一年内可多次开花，在花期结束后的五到六周，它的果实才会成熟。睡眠果很小，形状像南瓜，色彩很鲜艳。它的味道虽苦，却是很多失眠患者改善睡眠的一味良药。

    A 睡眠果又香又甜
    B 睡眠果可治疗失眠
    C 睡眠树长在雪地里
    D 睡眠树仅在秋季开花

69. 国际驾照是人们在国外驾车、租车时所需的驾驶资格证明和翻译文件。但它本身并不是一本驾照，只有和驾驶员所持的本国驾照同时使用才有效。由此可见，真正判断驾驶员是否具有驾驶资格的是他的本国驾照，而不是国际驾照。

    A 国际驾照不能单独使用
    B 国际驾照每年可考一次
    C 国际驾照由各国使馆发放
    D 仅有少数国家承认国际驾照

70. 人的情绪与外界环境有着密切的联系。一般来说，低温环境有利于人的精神稳定，如果气温过高，不仅会使人感到身体不适，还会对人的心理和情绪产生消极影响，容易导致脾气变差、记忆力下降等。

    A 人的情绪会受到温度影响
    B 陌生的环境极易让人生气
    C 全球变暖让人变得更悲观
    D 情绪变化大的人不受欢迎

第三部分

第 71-90 题：请选出正确答案。

71-74.

1920年，在大学教书的刘半农获得了公费出国学习语言学的机会。那时，他在中国文学界已经很有名气，并有多家报社找他约稿，因此他打算出国后兼修文学专业。但开学以后，刘半农意识到如果兼修文学，肯定会影响到自己本专业的学习，于是他决定放下文学，把全部的精力都投入到语言学上面。

过了一段时间，刘半农发现语言学门类众多，要想完全掌握，至少要七八年。于是他决定专攻语音学。定下这个目标后不久，他又发现语音学下面也分了许多学科，他综合考虑了一下国内语音学的研究情况，最终决定专门学习实验语音学。

毕业回国后，刘半农迅速成长为一名优秀的语言学家，他所著的《汉语字声实验录》也获得了国际大奖。人的精力是有限的，只有明确自己的目标并集中精力去奋斗，才能有一番作为。

71. 刘半农留学之前是做什么的？
    A 外交官   B 翻译家
    C 大学教师   D 杂志社编辑

72. 开学以后，刘半农为什么没兼修文学？
    A 不感兴趣   B 交不起学费
    C 申请没通过   D 怕没精力学语言学

73. 刘半农最后决定学习什么？
    A 文字学   B 应用语言学
    C 实验语音学   D 社会语言学

74. 根据上文，下列哪项正确？
    A 刘半农成立了实验室   B 刘半农的著作获了奖
    C 刘半农发表过多部小说   D 刘半农在艺术界很有名

75-78.

20世纪初，某保健产品公司有一名员工，他的妻子切菜时，手指总被切伤，所以他经常要为妻子包扎伤口。

有一天，妻子说："要是能有一种快速包扎伤口的绷带就好了。这样你不在家时，我自己也能处理伤口。"妻子的话提醒了他，他突然想到：如果把纱布和药物粘在一起，那用起来不就方便多了吗？

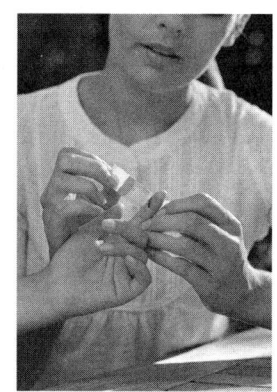

他连忙找来一些纱布和药物，先剪下一块较长的纱布，并在上面涂了一层胶，然后又剪了一小块纱布并抹上药，再把抹了药的纱布粘到长纱布中间。这样，一个可以快速包扎伤口的绷带便制作完成了。但这个绷带有一个缺点：长纱布上的胶由于一直暴露在空气中，特别容易失效。于是，他又找了很多种布料做实验，最终他选中了一种质地较硬的纱布。后来他把这个小发明交给了公司，公司立刻组织专家进行研究和开发，最后生产出了名叫"创可贴"的产品。这款产品的面世不仅极大地方便了人们的生活，也为该公司带来了极大的利润。

75. 那名员工的妻子为什么想要一种能快速包扎伤口的绷带？
    A 方便自己处理伤口 B 减少护士的工作量
    C 普通的绷带不舒服 D 去医院看病太贵了

76. 那名员工最初做的绷带有什么缺点？
    A 难以固定 B 药物量太少
    C 胶水容易失效 D 用久了对皮肤不好

77. 根据上文，下列哪项正确？
    A 创可贴中含有酒精 B 那名员工后来升职了
    C 创可贴最初用于手术 D 创可贴给人带来了便利

78. 最适合做上文标题的是：
    A 知识决定命运 B 怎样让头脑更灵活
    C 如何避免切菜误伤 D 创可贴的发明故事

79-82.

"木桶理论"的意思是一个木桶能装多少水，取决于其中最短的那块木板。这个理论在过去的确非常有效，但是在如今的互联网时代却已经不太适用了。

当代公司只需要一块足够长的长板，以及一名具有"完整的桶"意识的管理者，就可以通过合作的方式来补齐自己的短板。如果想吸引优秀的人才，可以与专门的人力资源机构合作；如果市场推广是短板，可以找优秀的广告公司，享受最专业的服务。所以，对于今天的企业来说，"长板原理"更加重要：当你倾斜木桶时，你会发现装多少水取决于木桶的长板，即核心竞争力。一旦有了一块长板，你就可以利用这块长板赚取利润，然后通过合作、购买等方式来补足你的短板。比如青岛啤酒公司，它最大的优势是拥有啤酒的配方与企业知名度。至于啤酒的酒瓶和盖子等，基本都交由专门的厂家生产，而青岛啤酒公司只要拿出自己的配方，贴上自己的商标便可以坐享成功。

互联网的发展加快了各种信息的传播速度，同时也降低了企业间的合作成本。对于企业来说，与其花费大量人力物力来完善自身不足，不如发挥自己的优势，将最好的部分做到极致。

79. 如果企业在市场推广上存在不足，应该：
A 扩大经营范围　　　　　　B 与广告公司合作
C 高薪聘请销售人才　　　　D 听取消费者的意见

80. "长板"在企业中指的是：
A 核心竞争力　　　　　　　B 最新的设备
C 企业的精神　　　　　　　D 可靠的领导层

81. 青岛啤酒的例子说明了什么？
A 要了解客户需求　　　　　B 媒体的力量很大
C 长板原理的重要性　　　　D 企业要时刻维护形象

82. 根据上文，下列哪项正确？
A 互联网有安全漏洞　　　　B 企业要制定长期发展路线
C 企业应尽量发挥自身优势　D "木桶原理"适用于中小企业

83-86.

超慢跑是以超乎想象的慢速度跑步的一种有氧运动，这种运动方式虽然看似强度不大，但健身效果却很明显，因此越来越受欢迎。

超慢跑到底有多慢呢？这其实是因人而异的，有的人快一些，有的人慢一些。虽然没有速度的限制，但每次的运动量不能低于十公里，或者运动时间不能少于70分钟，这样才能起到健身的效果。在超慢跑过程中，上身要保持直立，这样能让你感觉更轻松，就像戏曲演员在舞台上那样，上身不动，而是用脚下的小碎步向前移动。另外，超慢跑不是快走，因为快走永远有一只脚是落地的，超慢跑无论跑得多慢，总会有一瞬间双脚是同时离开地面的，所以身体感受到的运动强度也会比快走大。简单来说，超慢跑是一种小步幅、低步频的运动。

因为超慢跑强调的是不给身体和心理增加额外负担，因此无论你是刚刚尝试长距离超慢跑，还是已经坚持这项运动很长时间了，感觉吃力的时候，都可以停下来走一会儿。

83. 关于超慢跑，下列哪项正确？
   A 步子越大越好　　　　B 属于有氧运动
   C 易使腿部受伤　　　　D 比快跑更费体力

84. 超慢跑时，怎样才能感觉更轻松？
   A 全身放松　　　　　　B 多做深呼吸
   C 上身保持直立　　　　D 胳膊要使劲儿

85. 和快走相比，超慢跑有什么不同？
   A 运动强度较小　　　　B 双脚会同时离地
   C 对心脏的损伤更大　　D 要用专门的跑步机

86. 超慢跑强调：
   A 锻炼前先热身　　　　B 运动要有规律
   C 要和饮食相结合　　　D 不给身心增加压力

87-90.

毫无疑问，父母是世界上最忙的人，对他们而言，一天24小时是远远不够用的——挣钱养家、准备一日三餐、接送孩子上下学、辅导孩子做功课……他们似乎没有多余的时间陪孩子做手工。为此，心理学家调查了近300位妈妈。其中，90%的妈妈希望自己能花更多的时间和孩子一起做手工，然而工作和家务占用了太多时间，她们根本没有这样的空闲时间。另外，近78%的妈妈没听说过手工活动会对孩子的学业有帮助。

研究显示，手工活动由于能让孩子提前掌握识别形状、观察顺序和空间旋转等技巧，所以在数学、阅读和写作等方面对孩子都有帮助。与此同时，手工活动还能锻炼孩子的动手能力，加速他们手部肌肉的发育，并促使孩子独立完成任务，提高他们的专注度和记忆力。

如今，快速且简单的手工项目越来越受欢迎。不少手工品牌或玩具厂商开发出了能在20分钟内完成的亲子手工项目。而家长们也要想办法多抽一些时间来完成更多的亲子活动，比如少看电视、少"刷"社交媒体等。

教育专家认为，对于家长来说，和孩子一起做手工，主要是为了陪伴他们成长，与他们一起去创造、欢笑和学习，而这也是大多数家长认同的观点。

87. 根据访谈结果，可以知道什么？
    A 家长普遍缺少耐心　　　　B 大多数母亲非常忙
    C 家长不愿辅导孩子作业　　D 父亲更愿意带孩子去户外

88. 下列哪项**不**属于手工活动对孩子的影响？
    A 提高孩子的动手能力　　　B 帮助孩子收获更多友谊
    C 促使孩子独自做完任务　　D 让孩子提前认识各种形状

89. 专家认为，让家长和孩子一起做手工的主要目的是什么？
    A 陪伴孩子成长　　　　　　B 训练孩子的反应力
    C 提高孩子的考试分数　　　D 使孩子遵守课堂纪律

90. 根据上文，下列哪项正确？
    A 学校应开设手工课程　　　B 沟通有利于青少年心理健康
    C 玩儿游戏会耽误孩子的功课　D 用时短的手工活动正在流行

三、书 写

第一部分

第 91-98 题：完成句子。

例如：发表　这篇论文　什么时候　是　的

　　　这篇论文是什么时候发表的？

91. 这种药　促进　消化　能

92. 亚洲象　好几吨　重　通常有

93. 禁止　游客　开　闪光灯　博物馆

94. 锁在了　姐姐　把项链　抽屉里

95. 决心　你　要有　一切困难　克服

96. 蜜蜂　是　一种　昆虫　有益的

97. 袋子上　有点儿　模糊　的　生产日期

98. 已陆续　考生手中　寄　录取通知书　到　了

第二部分

第 99–100 题：写短文。

99. 请结合下列词语（要全部使用，顺序不分先后），写一篇 80 字左右的短文。

　　围绕　　辩论　　过程　　精彩　　双方

100. 请结合这张图片写一篇 80 字左右的短文。

试卷三听力材料

（音乐，30秒，渐弱）

大家好！欢迎参加 HSK（五级）考试。
大家好！欢迎参加 HSK（五级）考试。
大家好！欢迎参加 HSK（五级）考试。

HSK（五级）听力考试分两部分，共45题。
请大家注意，听力考试现在开始。

第一部分

第1到20题，请选出正确答案。现在开始第1题：

1. 女：教练，我发球的姿势对吗？
   男：胳膊要抬高，再伸直点儿。
   问：男的在做什么？

2. 男：哎呀，花盆破了，浇的水都漏出来了。
   女：赶紧把地板拖一下，明天我去花鸟市场买个新的。
   问：女的计划明天去哪儿？

3. 女：我去看了一场京剧，发现不看舞台两边的字幕根本听不懂。
   男：很正常，你平时又不怎么接触京剧。
   问：根据对话，下列哪项正确？

4. 男：服务员，我的发票中了一百块，去哪儿兑奖？
   女：您把发票拿到前台，直接就能领。
   问：男的怎么了？

5. 女：这个酒吧是由工厂改造的，保留了上世纪八十年代的装修风格。
   男：我觉得还挺有味道的，仿佛一下子回到了过去。
   问：关于那家酒吧，可以知道什么？

6. 男：我外公的身份证丢了，我能替他办张新的吗？
   女：对不起，身份证必须由本人亲自办理。
   问：男的想帮谁办身份证？

7. 女：小周，你负责把宣传资料发给参会人员，一人一份，别漏发了。
   男：好的，那我先去签到处领一下材料。
   问：女的让男的给谁发资料？

8. 男：元旦你有安排吗？我预订了两张新年音乐会的票，一起去吧。
   女：实在抱歉，那天我几个大学室友要过来玩儿，我得招待她们。
   问：女的元旦打算干什么？

9. 女：你好像没什么精神，失眠了？
   男：没有，今天我家隔壁一大早就开始装修，我被他们给吵醒了。
   问：根据对话，下列哪项正确？

10. 男：你工作干得好好的，怎么突然辞职了？
    女：我要和朋友创业，开一家婚纱摄影工作室。
    问：女的辞职后要做什么？

11. 女：趁现在网店打折，我买条牛仔裤好了。
    男：还是去实体店试穿一下再买吧，省得到时候买了又不合适。
    问：男的建议女的怎么做？

12. 男：对面那家农业银行最近系统升级，暂停办理个人业务。
    女：是吗？多亏你提醒我，不然我要白跑一趟了。
    问：那家农业银行怎么了？

13. 女：这个演员把小说里的人物演活了，简直跟我心目中的女主角一模一样。
    男：听说她为了演好这个角色下了大功夫，光原著就读了四五遍。
    问：关于那名演员，可以知道什么？

14. 男：对面那辆车开着远光灯，我都看不清路了！
    女：那你快减速吧，实在不行就靠边停一下。
    问：女的建议男的怎么做？

15. 女：怎么还不公布辩论赛的结果？
    男：评委们对于选谁当最佳辩手意见不统一，还在讨论。
    问：男的是什么意思？

16. 男：小王，新闻稿写好了吗？
    女：还没，我刚结束采访，正在整理录音文件呢。
    问：根据对话，女的最可能从事哪种职业？

17. 女：上个季度公司的销售量有明显提高，说明你们部门的广告方案很有效果啊。
    男：您过奖了，还得感谢其他部门的支持。
    问：女的对男的是什么态度？

18. 男：糟了，我不小心把写好的论文删了，怎么办？
    女：你先别急，删除的文件好像是可以恢复的，你上网查查。
    问：女的建议男的怎么做？

19. 女：为什么这儿的墙都是红色的？
    男：这是中国古代建筑的一大特色，红墙绿瓦嘛。
    问：他们在谈论什么？

20. 男：袋子里是妈妈买的零食，你想吃哪个？
    女：我有点儿晕车，没胃口，你吃吧。
    问：女的为什么不想吃东西？

第二部分

第21到45题，请选出正确答案。现在开始第21题：

21. 女：你参加太极拳比赛了？
    男：是的，我打太极拳很多年了。
    女：等你进了决赛记得通知我，我去给你加油。
    男：没问题，你就等我的好消息吧。
    问：关于男的，下列哪项正确？

22. 男：女儿第一次离家这么久，不知道她有没有照顾好自己。
    女：你就别操心了，我跟夏令营那边的老师通过电话，她挺好的。
    男：可我还是放心不下。
    女：孩子迟早要独立的，提前锻炼锻炼挺好。
    问：女儿最可能做什么去了？

23. 女：我想给我姥姥买部手机，有推荐的吗？
    男：您对手机有什么特别的要求吗？
    女：我姥姥爱听古典音乐，所以要音质相对好一些的。
    男：这几款音质都非常棒，而且是专门针对老年人设计的。
    问：女的希望买一部什么样的手机？

24. 男：我想查一下我的期末考试成绩，可我忘记校园网的登录密码了。
    女：初始密码是咱们的学号，你后来改过吗？
    男：我记得我改过。
    女：那你得去学校网络管理中心重新设置一下。
    问：男的怎么了？

25. 女：嘉宾都陆续到场了，主持人呢？
    男：说是服装出了点儿问题，要晚点儿到。
    女：你赶紧去催催，开幕式马上就开始了！
    男：好，我现在就去。
    问：主持人为什么还没到？

26. 男：今天房东给我打电话，问我年后要不要续租。
    女：续租有什么优惠吗？
    男：他本来打算年后要涨房租，如果我继续租的话就不涨了。
    女：那你是怎么考虑的？
    男：我想续租，单位附近的房子还挺难找的。
    问：如果男的续租，有什么好处？

27. 女：你负责的那个项目谈得怎么样了？
    男：我刚见了对方的负责人，他对我们的报价不太满意。
    女：你说具体点儿。
    男：回单位再跟你说吧，我在开车呢。
    问：男的刚跟谁见了面？

28. 男：窗帘脏了，拆下来洗洗吧。
    女：好，那我去拿小梯子去。
    男：不用，我踩书桌上就行，你帮我扶一下。
    女：行，你小心点儿，别把灰尘弄到眼睛里。
    问：女的提醒男的小心什么？

29. 女：喂，是天天快递吗？我想寄一个包裹。
    男：好的，您的具体位置是……
    女：交通大学三号宿舍楼。
    男：刚好我就在附近，十分钟之内到。
    问：女的为什么联系男的？

30. 男：老板，请问自行车怎么租？
    女：单人的每小时五十，双人的九十，每辆车要两百元押金。
    男：那我租辆双人的，给你钱。
    女：您稍等，我给您开收据。
    问：女的接下来要做什么？

第 31 到 32 题是根据下面一段话：

春秋时期有个叫弈秋的人，是当时的围棋第一高手。许多年轻人听闻弈秋的大名，都想跟着他学习下棋。

弈秋收了两个学生，一个态度非常认真，上课很专心；另一个上课总是走神儿，经常朝窗外看，课后也不愿下功夫。结果，同样跟着名师学习，前者学有所成，后者的棋艺却没有任何进步。

31．弈秋是因什么而出名的？
32．关于弈秋的两个学生，下列哪项正确？

第 33 到 35 题是根据下面一段话：

冬天，人们经常会看到很多树的下半段被刷成白色，这是为什么呢？

这种往树上刷白涂料的行为简称"刷白"。刷白通常在入冬前进行，目的在于预防树木冻伤或遭到虫害。

冬季天气寒冷，早晚温差大，经过刷白的树木，白天可以通过反射阳光来降低自身温度，从而减小体内的早晚温差，避免受到突然变温的伤害。另外，大部分害虫在冬天已经休眠，此时进行刷白，可大大减轻来年春天的病虫危害。

33．一般在树木的什么位置刷白？
34．关于刷白，可以知道什么？
35．刷白有什么作用？

第 36 到 38 题是根据下面一段话：

一所大学的礼堂已有三百多年的历史，该礼堂内部的二十根横梁严重破损，必须立刻更换。这些横梁都是由巨大的橡木制成的，要使礼堂保持原样，只能用橡木更换。但要找到二十棵巨大的橡树很不容易，即使能找到，购买这些橡木也是一笔巨大的开销。这令校长十分头疼。

这时，学校园艺所的人带来了好消息。原来，在礼堂初建时，建筑师就已考虑到后人可能会面临的困境，于是他请园艺工人在一片空地上种了一些橡树，如今，每一棵橡树都可以直接拿来制作横梁。

那位建筑师的这一行为令所有人都感到吃惊和佩服。他出于职业习惯的考虑，在礼堂建成的几百年后，出色地替后人解决了一道难题。

36．关于那所大学的礼堂，下列哪项正确？
37．建筑师什么时候让人种的橡树？
38．根据这段话，可以知道什么？

第39到41题是根据下面一段话：

大部分水果都是圆球形的，比如西瓜、葡萄、橘子等，这属于一种巧合吗？

其实，这是有科学根据的。首先，相比其他形状的水果，圆球形果实受到的风吹雨打的压力要小得多。其次，圆球形水果的表面积更小，这样水果表面的蒸发量小，水分散失也就少了，会更有利于果实的生长。可以说，大多数水果长成圆球形实际上是自然选择的结果。

39．圆球形水果有什么特点？
40．为什么圆球形水果水分散失得少？
41．根据这段话，下列哪项正确？

第42到43题是根据下面一段话：

有座城市在一些需要排队的公共场所安装了几台自动售货机。不过，售货机里可不是零食，而是免费文章。人们只要选择阅读时长，按下按钮，就可以得到像购物小票一样的纸条。长度从八厘米到一百二十厘米不等，上面印着短篇小说或诗歌。

设计者称，人们都喜欢阅读几分钟就能看完的故事或诗歌。这项设计能让更多的人从爆炸性的网络信息中抽身，去关注文学。接下来，他还打算把这种自动售货机推广到其他城市。"我们正努力推动一场革命，希望能改变人们埋头封闭自我的状态，让城市变为一个分享、交流思想的地方。"

42．那种售货机有什么特点？
43．设计者希望城市变成一个什么样的地方？

第44到45题是根据下面一段话：

研究表明，当一个人结束某项单调的任务后，他的大脑会自动进入"休眠模式"，也就是大脑运转的速度开始放慢。而这一变化并不是由人自主决定的。专家称，大脑的这种变化可能是人体内在的一种自我保护意识，是在提醒大脑"稍微休息一下"。无论你是否愿意，都无法改变这一现象。

因此，当你感觉"脑子不动了"或者"工作效率很低"，但又毫无办法时，不妨停下来，让大脑休息一会儿。

44．根据这段话，什么时候大脑运转速度会放慢？
45．当你感觉工作效率很低时应该怎么做？

听力考试现在结束。

试卷三答案

一、听 力

第一部分

1. D	2. B	3. C	4. A	5. D
6. A	7. B	8. C	9. B	10. A
11. C	12. A	13. A	14. C	15. D
16. A	17. D	18. B	19. D	20. C

第二部分

21. D	22. B	23. A	24. B	25. C
26. A	27. C	28. C	29. B	30. B
31. B	32. D	33. C	34. D	35. C
36. D	37. B	38. C	39. D	40. A
41. D	42. C	43. B	44. D	45. A

二、阅 读

第一部分

46. D	47. A	48. A	49. B	50. B
51. D	52. D	53. C	54. A	55. B
56. A	57. C	58. D	59. C	60. B

第二部分

61. D	62. C	63. D	64. A	65. C
66. A	67. A	68. B	69. A	70. A

第三部分

71. C	72. D	73. C	74. B	75. A
76. C	77. D	78. D	79. B	80. A
81. C	82. C	83. B	84. C	85. B
86. D	87. B	88. B	89. A	90. D

三、书 写

第一部分

91. 这种药能促进消化。
92. 亚洲象通常有好几吨重。
93. 博物馆禁止游客开闪光灯。
94. 姐姐把项链锁在了抽屉里。
95. 你要有决心克服一切困难。
96. 蜜蜂是一种有益的昆虫。
97. 袋子上的生产日期有点儿模糊。
98. 录取通知书已陆续寄到了考生手中。/ 录取通知书已陆续寄到考生手中了。

第二部分

（略）

汉语水平考试
HSK（五级）

试卷四

注 意

一、HSK（五级）分三部分：

1. 听力（45题，约30分钟）

2. 阅读（45题，45分钟）

3. 书写（10题，40分钟）

二、听力结束后，有5分钟填写答题卡。

三、全部考试约125分钟（含考生填写个人信息时间5分钟）。

中国 北京　　　　　　　　　孔子学院总部/国家汉办　编制

一、听 力

第一部分

第1-20题：请选出正确答案。

1. A 闯红灯了
   B 不熟悉路况
   C 刚换了辆新车
   D 考到驾照没多久

2. A 他们在选厨具
   B 女的在煮海鲜
   C 男的厨艺很差
   D 他们在收拾房间

3. A 景区游人很多
   B 给女的放几天假
   C 计划去外滩看看
   D 会在上海多待一周

4. A 多提问
   B 放松点儿
   C 反复听录音
   D 鼓励新职员

5. A 降温了
   B 有沙尘暴
   C 十分闷热
   D 一直在下雨

6. A 哲学
   B 语言学
   C 语音学
   D 现代文学

7. A 观察力强
   B 小时候很调皮
   C 常教孩子们下棋
   D 得过象棋比赛冠军

8. A 果园
   B 亲戚家
   C 植物园
   D 首都大剧院

9. A 付费
   B 注册账号
   C 连上无线网
   D 关掉其他程序

10. A 应聘失败了
    B 没发年终奖
    C 恋爱不顺利
    D 没考上硕士

11. A 小狗吃坏肚子
    B 家里没胶水了
    C 那张钱不能用
    D 银行要收手续费

12. A 想给儿子换班
    B 没空儿去学校
    C 对儿子感到失望
    D 有事要找班主任

13. A 没胃口
    B 有些感冒
    C 热得受不了
    D 冰激凌要化了

14. A 数据还得修改
    B 还缺一个目录
    C 得替换几张图片
    D 就差总结没写了

15. A 摔倒了
    B 找不到垃圾箱
    C 被锁在门外了
    D 和室友吵架了

16. A 暑期的安排
    B 最想去的国家
    C 旅途中的美景
    D 印象中的家乡

17. A 开幕式
    B 辩论赛
    C 迎新晚会
    D 演讲大赛

18. A 怕晕车
    B 车内很挤
    C 行李放不下
    D 汽车站太远

19. A 制作简历
    B 摄影技术
    C 面试技巧
    D 如何开网店

20. A 腰
    B 肩膀
    C 后背
    D 脖子

第二部分

第21-45题：请选出正确答案。

21. A 找明星签名
    B 填写申请表
    C 报名参加测试
    D 买演唱会门票

22. A 男的想租房子
    B 女的住在胡同里
    C 他们要去找中介
    D 单位分配了宿舍

23. A 能组装成汽车
    B 更适合男孩儿
    C 不提供参考图纸
    D 能锻炼动手能力

24. A 很有创意
    B 显得很暗
    C 表情抓得好
    D 背景没选好

25. A 没充话费
    B 打国际长途了
    C 下载了个软件
    D 花钱买游戏了

26. A 竹子
    B 书架
    C 花瓶
    D 结婚照

27. A 邮局
    B 邻居家
    C 门卫室
    D 报刊亭

28. A 要去交税
    B 还在排队
    C 要办营业执照
    D 没带身份证复印件

29. A 没人陪他看
    B 票价太贵了
    C 这阵子太忙了
    D 不爱看动画片

30. A 酒吧
    B 展览馆
    C 出版社
    D 烟酒商店

31. A 饭前先喝汤
    B 少做体力劳动
    C 确保足够的营养
    D 两餐不能隔太久

32. A 应少量少餐
    B 爱运动的人消化好
    C 成长期的青少年饭量大
    D 每日几餐视个人情况而定

33. A 专家小组
    B 美术教师
    C 广场上的路人
    D 幼儿园的孩子

34. A 相当不错
    B 有些抽象
    C 特别有趣
    D 构图不成功

35. A 街景
    B 自画像
    C 一块布
    D 一匹马

36. A 是圆形的
    B 听力很差
    C 是半透明的
    D 没长在外面

37. A 鱼变少了
    B 很多鱼跳上了岸
    C 鱼食被人拿走了
    D 鱼已在池边等食

38. A 鱼能听到声音
    B 鱼用动作交流
    C 鱼能闻到各种味道
    D 高温会使鱼呼吸困难

39. A 重视研发
    B 面临破产
    C 利润不大
    D 赢在管理

40. A 种类丰富
    B 保修一年
    C 样式奇特
    D 哨声响亮

41. A 要抓住商机
    B 专注非常重要
    C 企业要注重形象
    D 要尽量降低成本

42. A 受伤了
    B 护照丢了
    C 误了航班
    D 摩托车坏了

43. A 色彩很鲜艳
    B 印有40个图标
    C 在各大机场有售
    D 背面印有感谢语

44. A 天分的作用很大
    B 天才不需要苦练
    C 训练要讲求方法
    D 乐器要从小练起

45. A 更愿投入精力练习
    B 善于处理突发状况
    C 能迅速发现事物的特点
    D 考虑问题的角度很独特

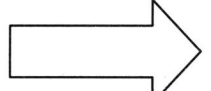

二、阅 读

第一部分

第 46-60 题：请选出正确答案。

46-48.

夏天，很多人总是一上车就打开车上的空调降温。然而，就是这个小小的 __46__，可能会伤害到我们的呼吸系统。

开车前，车内空调系统中已经积累了大量对人体有害的化学物质，这时开空调会 __47__ 污染车内空气。所以上车后应该先开窗通风，再开空调，等空调开了三至五分钟后再 __48__ 车窗。另外，如果长时间驾驶，中途也应该打开车窗换换气。

46． A 动作　　　　B 姿势　　　　C 本领　　　　D 观念
47． A 平均　　　　B 一致　　　　C 直接　　　　D 周到
48． A 关闭　　　　B 振动　　　　C 展开　　　　D 阻止

49-52.

体验教育，又称"经验式"教育，它注重学习者的内心体验，要求他们用"心"去体会和感受。 __49__ 做法是让学习者参加一些游戏或者户外活动，然后总结过程中碰到的问题和解决方法，从而获得新的知识和经验，并且能将这些收获 __50__ 到日常学习和生活中。

体验教育的特别之处在于注重 __51__ 学生主动学习的意识。在这一过程中，教师的作用是帮助学生从被动接受转变为主动参与， __52__ 。这是教育观念的转变，也是教育方法的创新。

49． A 平等　　　　B 业余　　　　C 个别　　　　D 具体
50． A 运用　　　　B 出示　　　　C 应付　　　　D 安装
51． A 生产　　　　B 建设　　　　C 培养　　　　D 辅导
52． A 以教材为教学重点　　　　B 适当提高考试难度
　　 C 充分体现家长的地位　　　　D 真正做到以学生为中心

53-56.

当我们走在十字路口，看到红灯突然亮起时，__53__ 会觉得不耐烦。

于是，有人设计了一种新型的红绿灯，红灯里的小人不再是静止的，而是不停地舞动着，它的动作多样，有时欢快，有时搞怪，十分有趣。小红人的舞蹈吸引了路人的注意，__54__，如果你愿意，还可以跟随小红人的节奏轻轻舞动。这样，你会感觉时间过得很快，绿灯不知不觉就亮了。

这种新型的信号灯让一些平时讨厌等红灯的人也 __55__ 停下脚步。既娱乐了身心，又能锻炼身体，同时还能使人们 __56__ 交通规则，可谓一举多得。

53. A 难免　　　　B 务必　　　　C 总算　　　　D 何必
54. A 没有行人配合　　　　B 让人不再觉得无聊
　　C 打乱了人们的行程　　D 交警不必站在街边指挥
55. A 讲究　　　　B 轻视　　　　C 自愿　　　　D 操心
56. A 采取　　　　B 承受　　　　C 逃避　　　　D 遵守

57-60.

你遇到过这种情况吗？本来是很熟悉的餐厅，却一下子想不起来它的名字；明明特意记住的数字却突然忘了……可是没过多久，这些名字、数字又 __57__ 出现在脑海里。这种现象叫作"脑雾"，就好像大脑里出现了一层朦胧的雾，使原本清晰的记忆突然变得 __58__ 起来。

"脑雾"的出现主要是跟一些不良的生活习惯有关，如饮酒、熬夜、过度使用电子产品等。这些行为会影响人的颈椎和大脑，导致大脑缺血缺氧，从而出现脑雾现象。医生建议，要想改善这种情况，__59__，比如避免长时间使用手机、电脑，不做"低头族"。另外要 __60__ 充足的睡眠，多做运动，情况严重的话，应及时就医。

57. A 自动　　　　B 亲自　　　　C 随手　　　　D 始终
58. A 冷淡　　　　B 模糊　　　　C 整齐　　　　D 光滑
59. A 一定要记得服药　　　　B 要随时随地做笔记
　　C 必须改掉那些不良习惯　D 目前还没有合适的治疗方案
60. A 改进　　　　B 确认　　　　C 改正　　　　D 保证

第二部分

第61-70题：请选出与试题内容一致的一项。

61. 现在，一些大学生毕业后既不立即找工作，也不继续深造，而是暂时选择游学、在家陪父母或创业考察，给自己一段时间考虑未来的人生道路。据统计，中国越来越多的年轻人告别了传统的"一毕业就工作"模式，成为了"慢就业"人群中的一员。

    A 高学历人才更受欢迎
    B 多数九零后有留学经历
    C "慢就业"逐渐成为一种趋势
    D 毕业生通常都缺乏创业的勇气

62. 有个游客问海洋馆管理员："这条鲨鱼能长多大呢？"管理员想了想说："如果在水族箱，它只能长差不多几米；如果它生活在海洋里，能大到一口吞下一头狮子。"就像环境会限制鲨鱼的成长一样，人也会限制自己的思想，所以不要给自己设置太多条条框框，这样会限制你的发展。

    A 看事情不能看表面
    B 不要轻易给思想设限
    C 海洋馆的鲨鱼不具危险性
    D 要根据实际水平制定目标

63. 秦岭淮河一线是中国（特别是东部）南方和北方的地理分界线。此线的南面和北面，无论是自然条件、农业生产方式，还是地理风貌或是人民的生活习俗，都有显著的不同。

    A 秦岭周边地区工业发达
    B 秦岭附近的生物很难存活
    C 秦岭淮河一线北边降水量大
    D 秦岭淮河一线南北差别明显

64. 人们从明亮的地方走进黑暗的地方时，比如进入关了灯的电影院，刚开始会一下子什么都看不见，要过一会儿才能慢慢适应，看清暗处的东西。人眼的敏感度逐渐增高的这一适应过程，就叫作暗适应。

    A 光线太强会伤害眼睛
    B 在暗处看东西要戴眼镜
    C 从明处到暗处会发生暗适应
    D 电影院的灯光会破坏观影效果

65. 许多人都希望自己能获得成功，并开辟出一条无人走过的新路，这其实是一种不太成熟的想法。因为别人走过的路实际上是为我们积累的经验。我们应该在此基础上，走得比别人更久、更远，通过自己的坚持和努力，站到巨人的肩膀上看新的风景。

    A 要有创新精神
    B 要珍惜前人的经验
    C 命运掌握在我们手中
    D 要懂得发挥自身优势

66. 调查发现，蓝色是最受人们喜爱的颜色。研究者称，蓝色不仅让人更自信，还能给人安全感。同时，蓝色还能增强记忆力，并使大脑和手的配合更加协调。这或许能解释为什么许多大公司，尤其是科技公司，都将蓝色作为其公司商标的主要颜色。

    A 蓝色使人更有活力
    B 喜欢蓝色的人普遍悲观
    C 蓝色能给人带来积极影响
    D 公司的性质由商标颜色决定

67. 很多人都有过这样的体验：当我们外出去某地，尤其是去一个陌生的地方时，内心往往会期待快点儿到达目的地，但却总感觉路途遥远。而返回的时候，尽管是同样的距离，却往往感觉比来时的路程短得多，这就是"返程效应"。

    A 自驾旅行很辛苦
    B 返程让人感觉用时短
    C 出发前要查好行车路线
    D 人在陌生的地方容易迷路

68. 中国钱币博物馆成立于1992年，主要从事古代、近现代货币及银行史等相关实物的收藏、陈列和研究。作为国家级专业博物馆，钱币博物馆藏有古今中外钱币及其他相关的文物三十余万件，其中不少都具有很高的学术研究价值。

    A 馆内只有中国古代钱币
    B 该博物馆成立于上个世纪
    C 该博物馆只负责科研工作
    D 该博物馆经常举办免费讲座

69. 民俗旅游是一种文化旅游，指的是人们离开常住地，到其他地方去体验不同的民俗文化。旅游者通过亲身参与当地人的生活，了解当地的风俗习惯，极大地丰富了文化生活。

    A 民俗旅游受季节限制
    B 民俗旅游多由政府组织
    C 民俗旅游属于一种表演形式
    D 民俗旅游重在体验民俗文化

70. 谈允贤是中国古代四大女医之一，她出生于医学世家，从小便熟读医学经典。其著作《女医杂言》共收录病案31例，数量虽少，但是从临床治疗角度看，都是十分成功的案例，具有很高的医学价值。

    A 谈允贤主要研究内科
    B 谈允贤是神话传说中的人物
    C《女医杂言》里的病例并不多
    D《女医杂言》是谈允贤的诗集

第三部分

第 71-90 题：请选出正确答案。

71-74.

众所周知，过度砍伐会导致水土流失，对气候、环境等造成严重影响，威胁人类的生存与发展。那么在砍伐后的土地上再种植树木，是否能降低这种不利影响呢？

有这样一片森林，在那里除了风吹动树叶的沙沙声以外，几乎听不到任何动物的声音，安静得让人害怕。据说，那里原本树种丰富，物种繁多，但后来当地人为了追求经济利益，大量砍伐树木。当地的自然环境遭到了严重破坏，人们也因此尝尽了乱砍乱伐带来的恶果。为了恢复那儿的生态环境，当地人就又种了许多树。大家本来以为这是保护环境的好办法，结果由于人工种植的树木种类单一，很多动物找不到食物，无法继续居住，整个生态圈反而被破坏了。

多年来，很多人都简单地认为，树砍了再种上就可以修复被破坏的环境，于是在肆无忌惮地乱砍乱伐后大面积地植树造林，但有时正是这种<u>盲目的行为</u>对生态环境造成了更严重的影响。

71. 那片森林曾经是怎样的？
  A 四周都是湖　　　　　　B 土层很松软
  C 树种很多样　　　　　　D 长年受虫害威胁

72. 为什么森林里的动物无法继续在那儿生存？
  A 缺少食物　　　　　　　B 河水被污染了
  C 怕被人类抓到　　　　　D 气候灾害多发

73. 根据最后一段，"盲目的行为"是指：
  A 大面积人工造林　　　　B 开发大量的景点
  C 把动物放归森林中　　　D 在郊区开很多工厂

74. 上文主要想告诉我们：
  A 要控制树木的数量　　　B 修路会吓跑野生动物
  C 农业发展浪费土地资源　D 要用科学的方式保护自然

75-78.

舒遵刚是清代的一位茶叶商人。一开始，他的茶叶销量不太好。不少顾客反映，他的茶叶里有杂质，影响了茶的味道。

原来，每年新茶上市时，舒遵刚都会请一些工人为他择茶。择茶是制作茶叶时的一道重要工序，如果不把茶叶里面的杂质都挑出来，茶叶本身的味道就显不出来，从而影响到茶叶的品质。择茶时，工人要在新茶叶中将好茶叶挑出来，每个工人的工钱都是按挑选出来的好茶叶的重量来计算的。但这样一来，清除的杂质越多，收入就越少。也就是说，越是下功夫择茶，挣的钱反而越少，这种算法影响了工人的积极性，茶叶中的杂质自然也清理得不是很干净。

这个问题如果不尽快解决，就会影响到今后的销售。一天，舒遵刚到择茶点查看工作情况，他突然想到一个好办法。

第二天，舒遵刚告诉工人："从今天起，我们改一下计算工钱的方法，按大家从茶叶中挑出的杂质的重量来算工钱。"

这一招果然很有效，既提高了工人干活儿的积极性，同时还保证了茶叶的质量，舒遵刚的茶叶生意也因此越做越好。

75. 一开始舒遵刚的茶叶销量不好的原因是：
    A 售价太高   B 茶叶质量不好
    C 当地人不爱喝茶   D 同行竞争太激烈

76. 舒遵刚什么时候会请工人择茶？
    A 新茶上市时   B 每年春节后
    C 茶叶降价时   D 小麦快成熟时

77. 最初工人的工钱是按什么算的？
    A 茶叶的类型   B 工作的效率
    C 干活儿的时长   D 好茶叶的重量

78. 舒遵刚采用了新办法后：
    A 赔了很多钱   B 茶叶的产量下降了
    C 许多茶农要停止合作 D 工人干活儿更积极了

79-82.

为什么当别人抱怨一件事情的时候，我们总觉得问题出在他们自己身上；而当自己遇事不顺的时候，却觉得是他人或环境的错？心理学上把这种现象称为基本归因错误。当评价他人的行为时，我们更注重内部因素，而忽视外部环境的影响。但是当我们评价自身行为的时候，外部因素会变得格外明显，这时我们会因过分强调环境的影响而忽视自身的因素。

之所以会出现这种情况，并不是因为自私、爱推脱责任，只是每个人的注意力有限。我们在分析某些行为出现的原因时，只倾向于选择我们注意力关注到的那个方面。例如，在观察和分析他人时，我们的注意力大多集中在那个人身上，因而很容易忽视周围的环境。而当我们自己做一件事的时候，往往会把更多的注意力放在周围的环境上。这就导致了分析问题时会比较片面，不够客观。

另外，我们对待他人的事情时，是相对懒惰的。由于我们已经用内在因素解释了他人的行为，即使知道他人的行为会受到环境的限制，也不会再做更多的思考了。

由此可见，当朋友向你抱怨某件事的时候，不要立即下结论，最好先换位思考一下。

79. 在评价他人的行为时，我们通常更关注：
    A 内部因素   B 自己的利益
    C 周围人的评价   D 行为产生的后果

80. 出现"基本归因错误"这种情况，是因为人们：
    A 害怕吃亏   B 注意力受限
    C 心理不平衡   D 不愿承认错误

81. 当身边的人向你抱怨时，应该怎么做？
    A 不理他   B 帮他想办法
    C 同他一起抱怨   D 从他的角度想想

82. 根据上文，下列哪项正确？
    A 应该及时跟他人沟通   B 大部分人懒得安慰别人
    C 人们总是故意推掉责任 D 人评价自身行为时更关注外因

83-86.

近日,"静音咖啡馆"正悄然出现。这种咖啡馆原则上禁止交谈,提倡让顾客在安静的环境中享受轻松的时光。体验者称,咖啡馆内几乎听不到任何声音,让人有一种远离日常生活的奇妙感觉。

一家静音咖啡馆的店长表示,早在四年前他就开了这家咖啡馆,当时就想为顾客创造一个安静的空间。但随着客人的增多,店内变得越来越吵,离自己当初开店的目标也越来越远。后来,这位店长决定在每周五和周六的18:30到22:00这段时间内,禁止客人互相交谈,并将这时的咖啡馆称为静音咖啡馆。消息一传出,就吸引了很多的顾客。

而另一家静音咖啡馆则全天都禁止客人交谈。店内放了七八本"笔谈册",里面写着"时间差不多了,我们走吧""我去趟洗手间"等内容,供客人之间进行简短的交流。

据统计,静音咖啡馆大部分客人为年轻女性,她们一般会在店内待一个半小时到两个小时。有的客人是独自前来,有的是和朋友一起,不过她们互相并不交谈,只是各自享受属于自己的时光。

83. 在全天禁止交谈的静音咖啡馆,客人之间如何交流?
  A 做手势   B 互相发短信
  C 利用笔谈册   D 压低嗓音说话

84. 关于静音咖啡馆的顾客,可以知道:
  A 多选择窗边的位置   B 不愿意单独去这家店
  C 一般会在店内待半天 D 年轻女性所占比例高

85. 人们去静音咖啡馆主要是为了:
  A 享用美味的糕点   B 交到更多的朋友
  C 阅读咖啡馆里的图书 D 安静地享受独处的时间

86. 根据上文,下列哪项正确?
  A 静音咖啡馆内不能上网   B 静音咖啡馆只在傍晚开放
  C 静音咖啡馆禁止店员走动 D 静音咖啡馆吸引了不少顾客

87-90.

有一家大公司的待遇非常好，这里的员工享有充分的自由，只要他们愿意，随时可以去打篮球或者健身。慢慢地这些员工习惯了自由，上班总是迟到。

针对这个问题，部门经理制订了严格的管理制度，可是没人当回事。有一次，一位工程师迟到了，部门经理扣了他200元钱，这位工程师一生气便辞职了。这件事惊动了公司的领导。领导对此很头疼，心想这件事是非解决不可了。

有一天，领导上班时，无意间发现公司的停车场有许多空着的停车位，而旁边一些公司的员工因为车位不足，只好把车停在远处的马路边上。看到这样的情况，领导忽然想出了一个好主意。

第二天，领导就让部门经理退掉一部分停车位。如果有员工跟公司反映停车位不够用，便这样解释：停车位的租期到了，物业不愿意续租，公司也没办法。

过了不久，"奇迹"便发生了：员工们都开始按时上班——因为一旦迟到，就不得不把车停在离公司很远的地方。

87. 为什么员工上班总是迟到？
    A 公司不管   B 自由惯了
    C 交通不便   D 加班过多

88. 哪件事惊动了公司领导？
    A 业绩下滑   B 工程师辞职了
    C 员工上班时打球   D 部门经理迟到早退

89. 领导想到了什么办法？
    A 取消午休   B 减少停车位
    C 允许员工在家办公   D 给按时上班的人发奖金

90. 关于那家公司，可以知道什么？
    A 待遇好   B 规模小
    C 业务范围广   D 提倡绿色出行

三、书写

第一部分

第91-98题：完成句子。

例如：发表　这篇论文　什么时候　是　的

这篇论文是什么时候发表的？

91. 你　本科　这门课程　吗　学过

92. 班主任　要注意　安全　再三强调

93. 这幅　画儿　当地人的　反映了　生活

94. 屋里　那　间　摆满了　花儿

95. 影响　个人信用　不及时还款　将

96. 很像　古代的　这座建筑的　酒杯　外形

97. 挑战　我　第一次　这么高难度的　手术

98. 中国重要的　太湖地区　是　丝绸　产地

第二部分

第 99-100 题：写短文。

99. 请结合下列词语（要全部使用，顺序不分先后），写一篇 80 字左右的短文。

　　熬夜　　引起　　严重　　爱护　　合理

100. 请结合这张图片写一篇 80 字左右的短文。

试卷四听力材料

（音乐，30秒，渐弱）

大家好！欢迎参加 HSK（五级）考试。
大家好！欢迎参加 HSK（五级）考试。
大家好！欢迎参加 HSK（五级）考试。

HSK（五级）听力考试分两部分，共45题。
请大家注意，听力考试现在开始。

第一部分

第1到20题，请选出正确答案。现在开始第1题：

1. 女：你刚拿到驾照，路上当心点儿！
   男：别担心，这条路我特别熟。
   问：关于男的，可以知道什么？

2. 男：你有没有闻到一股糊味儿？
   女：啊！锅里正煮着海鲜呢，我差点儿给忘了。
   问：根据对话，下列哪项正确？

3. 女：我来上海出差好几次了，还没有去过外滩呢。
   男：等谈判结束了，我们就去转转，那儿可是上海的标志性景点。
   问：男的是什么意思？

4. 男：这是我第一次给新员工培训，不知道讲清楚没有。
   女：不用紧张，你表现得挺好的，继续保持就行。
   问：女的希望男的怎么做？

5. 女：今天阳光很好，我们晒晒被子吧。
   男：行，连续下了一个礼拜的雨，屋子里都是潮的。
   问：前些日子天气怎么样？

6. 男：张平教授在语言学领域特别厉害，你怎么认识他的？
   女：张教授是我毕业论文的指导老师。
   问：张教授在哪个领域很出色？

7. 女：你象棋下得不错，专门学过吗？
   男：对，我小时候特别淘气，老是坐不住，我父母为了训练我的耐力，特意给我报了象棋班。
   问：关于男的，下列哪项正确？

8. 男：劳动节期间景区肯定特别挤，要不咱们就去附近的植物园吧？
   女：好，这下也不用发愁路上堵车了。
   问：假期他们打算去哪儿？

9. 女：这首歌怎么只能播放不能下载呀？
   男：这个音乐软件我用过，你得先注册个账号才能下载。
   问：女的要怎么做才能下载那首歌？

10. 男：没被电视台录取，我心里还挺难受的。
    女：没关系，你这么优秀，肯定能找到一个好单位。
    问：男的为什么心情不好？

11. 女：小狗把这张钱撕成两半儿了，我真怕花不出去。
    男：你先粘起来，要是商店不收，就拿去银行换一张。
    问：女的在担心什么？

12. 男：儿子的学校通知周五开家长会，我那天有安排了，你能去吗？
    女：行，正好我也想向他班主任咨询点儿事情。
    问：关于女的，可以知道什么？

13. 女：刚吃完饭就吃冰激凌，这样很容易伤胃的。
    男：今天实在是太热了，我觉得我嗓子里都冒烟了。
    问：男的是什么意思？

14. 男：你的项目方案做完了吗？明天开会就要讨论了。
    女：还剩一些数据需要修改，下班前差不多能完成。
    问：关于那份方案，下列哪项正确？

15. 女：你怎么站在门口不进去啊？
    男：我刚才出来扔垃圾，不小心把门锁上了，只好等你回来了。
    问：男的怎么了？

16. 男：这次旅行你对什么印象最深？
    女：最难忘的是在黄山看日出，景色美极了，像仙境一样。
    问：他们在聊什么？

17. 女：周校长，非常感谢您能出席此次辩论赛！
    男：谢谢邀请，我很期待同学们的精彩表现。
    问：男的受邀出席了什么活动？

18. 男：咱们订得太晚，火车票已经卖完了，要不坐长途汽车回去吧？
    女：不行啊，我肯定会晕车的。再想想别的办法吧。
    问：女的为什么不想坐长途汽车？

19. 女：我想找份兼职，你能教教我怎么做个人简历吗？
    男：没问题，我这儿有现成的模板。
    问：女的想让男的教她什么？

20. 男：上次健身回来后，我肩膀就一直疼，该不会是肌肉拉伤了吧？
    女：疼得厉害吗？要不要我陪你去看大夫？
    问：男的哪儿不舒服？

第二部分

第 21 到 45 题，请选出正确答案。现在开始第 21 题：

21. 女：我想去音乐节做志愿者，你去吗？可以见到很多明星呢。
    男：好啊，在哪儿报名？
    女：学校网站上有申请表，你填好以后提交就行了。
    男：好的，我这就去填。
    问：男的接下来要做什么？

22. 男：你认识中介公司的人吗？我想租房子。
    女：不认识，不过我妹妹的房子正在出租，你有兴趣吗？
    男：她的房子在哪儿？
    女：离咱们单位不远，就在马路对面的胡同里。
    问：根据对话，下列哪项正确？

23. 女：老板，有没有给五六岁孩子玩儿的玩具啊？
    男：这款组装玩具挺适合的。
    女：能介绍一下吗？
    男：孩子可以参照图纸把玩具组装成不同的样式，不仅能锻炼动手能力，还能开发智力。
    问：关于那款组装玩具，可以知道什么？

24. 男：你们班拍毕业照了吗？
    女：照片都洗出来了，你看。
    男：真不错，背景选得好，大家的表情也抓得很好，特别生动。
    女：这得感谢摄影师，他技术可棒了。
    问：男的觉得照片拍得怎么样？

25. 女：我手机怎么又欠费了？前几天刚充了一百。
    男：你是不是新办了什么业务？
    女：没有啊，我这两天只给国外的朋友打了个电话。
    男：那就不奇怪了，国际长途很贵的。
    问：女的手机为什么欠费了？

26. 男：这儿空着是不是有点儿单调？
    女：确实，该放点儿什么呢？
    男：我去把阳台上那盆竹子搬过来？
    女：我看行，正好给客厅增添些绿色。
    问：他们决定把什么放到客厅？

27. 女：您好，我订的《北京晚报》今天怎么没送？
    男：您家地址是哪儿？我帮您查一下。
    女：时代小区三单元九〇一。
    男：是这样，送报的时候您家里没人，所以就放在门卫室了。您去那儿取就可以了。
    问：男的让女的去哪儿拿报纸？

28. 男：你好，我来办理营业执照。
    女：需要的材料都带齐了吗？
    男：都带了，我按照官网上的要求准备的。
    女：您稍等，我先看一下。
    问：关于男的，下列哪项正确？

29. 女：这部电影你看了吗？
    男：没有，我对动画片不太感兴趣。
    女：强烈推荐你去看，超级精彩。
    男：真有这么好看吗？被你说得我都有点儿好奇了。
    问：男的为什么没去看那部电影？

30. 男：对不起，我临时有事，不能和你去酒吧了。
    女：什么事这么急啊？
    男：出版社刚联系我，让我过去商量一下印刷的事情。
    女：你的新书要出版了？恭喜你！
    问：男的接下来可能去哪儿？

第 31 到 32 题是根据下面一段话：

　　一天到底该吃几餐？这要根据个人的生活习惯和身体状况来定。如果每天吃两顿饭，不会感觉到饿，也不影响工作和生活，那完全可以这么做。当然，前提是要摄入足够的营养。如果条件允许，也可以每天吃五六餐，但注意每次要少吃，一天摄入的总量不要过多。总的来说，最重要的不是一天吃几餐，而是既要保证充足的营养，又要避免摄入过多热量。

　　31．如果每天只吃两顿饭，要注意什么？
　　32．根据这段话，下列哪项正确？

第 33 到 35 题是根据下面一段话：

　　甲和乙都是画家。一天，他们决定各自作一幅画儿，然后拿到广场上，让路人投票决定哪幅更好。
　　到了比赛那天，广场上挤满了人。甲画的是一个头上顶着一筐葡萄的孩子，当他把遮在画儿上的布拿掉后，人群中传来阵阵赞叹声，他听到后不免得意起来，心想这次画得这么好，肯定能赢。
　　而乙站在画作旁一句话也没说。人群中有人说："把布拿下来吧，让我们看看你的画儿。"可乙仍然没有动。甲着急了，伸手去揭那块布。突然，他呆住了，停了几秒后，他对乙说："我输了！"
　　原来，那块布竟是画上去的。

　　33．甲和乙决定让谁来评价他们的画儿？
　　34．甲觉得自己画得怎么样？
　　35．乙画的是什么？

第 36 到 38 题是根据下面一段话：

　　鱼不长外耳，因此，很多人误以为鱼听不见任何声音。但鱼其实是有耳朵的，且多数鱼的听力还不错。这是如何被发现的呢？
　　有个渔场每天早上八点都会敲钟，饲养员听到钟声便去喂鱼，天天如此。有一天饲养员起晚了，钟声响后过了半个小时才去喂鱼。等到了鱼池，他看到一大群鱼已聚集在池边，不断把头伸出水面等食。
　　这件事引起了动物学家们的兴趣，经过一段时间的观察，他们发现鱼原来是有听觉的。平常它们听到钟声后不久就能进食，因此时间一长就形成了条件反射，只要钟声一响，它们就会习惯性地游向岸边。

　　36．多数鱼的耳朵有什么特点？
　　37．饲养员起晚那天发现了什么？
　　38．动物学家经过观察后，得出了什么结论？

第39到41题是根据下面一段话：

有一家企业特别专一，他们只生产哨子，甚至聘请了几百名科技人才专门进行研发。可就是这种看起来不起眼的产品，一年竟可以创造七千万元的利润。他们生产的哨子种类已达上千种，最贵的可卖到十二万元一个。就连世界杯足球赛裁判用的哨子也都来自这家企业。

人们常说"专注是金"，可见，要想获得成功，就要明确目标，专注其中。

39．关于那家企业，下列哪项正确？
40．那家企业生产的哨子有什么特色？
41．这段话主要想告诉我们什么？

第42到43题是根据下面一段话：

当出国旅游的人需要求助，却不懂当地的语言时该怎么办？霍恩就碰到过这种情况。有一次他在国外旅游，租用的摩托车在半路上坏了，霍恩着急地解释了半天，当地人就是不明白他的意思。

回国后，霍恩下定决心要解决这个难题。于是，他和朋友共同设计了一款印有四十个图标的衣服，这些图标既包含了外出旅游时常去的火车站、机场、酒店等地点，也有日常生活中需要的电话、食品、药物等。在国外穿上这种衣服，遇到问题时，只要指指身上的图标，当地人很快就能明白你的需求了。

42．霍恩在国外旅游时遇到了什么问题？
43．关于那款衣服，下列哪项正确？

第44到45题是根据下面一段话：

曾有人说：只要练习超过一万个小时，就可以成为一名小提琴家。过去人们也一直认为，音乐家是可以被训练出来的，足够的练习量可以克服天分不足的缺失。也就是说，练习越多，基因的影响力就越小，甚至可以忽略音乐天赋的作用。

但是最新一项研究却显示，音乐天赋对他们不断练习起到了巨大的促进作用。这项研究是针对八百五十对双胞胎进行的，结果发现：那些从小具有一定音乐天赋并最终成为音乐家的人确实花了更多的时间来练习，天赋影响了人们对练习的喜好程度。换句话说，越有音乐天赋的人，越愿意练习。

44．根据这段话，下列哪项正确？
45．有音乐天赋的人有什么特点？

听力考试现在结束。

试卷四答案

一、听 力

第一部分

1. D	2. B	3. C	4. B	5. D
6. B	7. B	8. C	9. B	10. A
11. C	12. D	13. C	14. A	15. C
16. C	17. B	18. A	19. A	20. B

第二部分

21. B	22. A	23. D	24. C	25. B
26. A	27. C	28. C	29. D	30. C
31. C	32. D	33. C	34. A	35. C
36. D	37. D	38. A	39. A	40. A
41. B	42. D	43. B	44. A	45. A

二、阅 读

第一部分

46. A	47. C	48. A	49. D	50. A
51. C	52. D	53. A	54. B	55. C
56. D	57. A	58. B	59. C	60. D

第二部分

61. C	62. B	63. D	64. C	65. B
66. C	67. B	68. B	69. D	70. C

第三部分

71. C	72. A	73. A	74. D	75. B
76. A	77. D	78. D	79. A	80. B
81. D	82. D	83. C	84. D	85. D
86. D	87. B	88. B	89. B	90. A

三、书写

第一部分

91. 你本科学过这门课程吗？／这门课程你本科学过吗？
92. 班主任再三强调要注意安全。
93. 这幅画儿反映了当地人的生活。
94. 那间屋里摆满了花儿。
95. 不及时还款将影响个人信用。
96. 这座建筑的外形很像古代的酒杯。
97. 我第一次挑战这么高难度的手术。／这么高难度的手术我第一次挑战。
98. 太湖地区是中国重要的丝绸产地。

第二部分

（略）

汉语水平考试
HSK（五级）

试 卷 五

注 意

一、HSK（五级）分三部分：

1. 听力（45题，约30分钟）

2. 阅读（45题，45分钟）

3. 书写（10题，40分钟）

二、听力结束后，有5分钟填写答题卡。

三、全部考试约125分钟（含考生填写个人信息时间5分钟）。

中国 北京　　　　　　　　　孔子学院总部/国家汉办　编制

一、听 力

第一部分

第1-20题：请选出正确答案。

1. A 少浇水
   B 打开窗户
   C 别放阳台上
   D 摘掉黄叶子

2. A 采访明星
   B 指导新职员
   C 递交辞职信
   D 去新单位报到

3. A 龙在中国象征尊贵
   B 故宫的门上画着蛇
   C 龙的形象非常丰富
   D 故宫只拿龙当装饰

4. A 听公开课
   B 分析数据
   C 练习口语
   D 申请奖学金

5. A 超重了
   B 收件人拒收了
   C 收件人信息有误
   D 包裹内有违禁品

6. A 女的办理过房贷
   B 男的是租房中介
   C 吴经理要买房子
   D 女的不认识吴经理

7. A 统一格式
   B 总结要客观
   C 修改错别字
   D 删掉一些内容

8. A 特别淘气
   B 爱做家务
   C 读书很用功
   D 不愿跟人交流

9. A 工程师
   B 办公室秘书
   C 各部门主管
   D 研发部同事

10. A 打排球
    B 穿救生衣
    C 在沙滩上躺着
    D 去深水区游泳

11. A 把票退了
    B 不确定坐什么回家
    C 没想好在哪儿过年
    D 买了除夕当天的票

12. A 临时换人了
    B 连赢了三场
    C 表现得不好
    D 失去了决赛资格

13. A 断网了
    B 数字键盘锁了
    C 电脑中病毒了
    D 输入法出错了

14. A 买项链
    B 办会员卡
    C 用积分换
    D 买同品牌皮包

15. A 自驾
    B 步行
    C 乘坐客车
    D 骑摩托车

16. A 网球社
    B 象棋社
    C 文学社
    D 太极拳社

17. A 病房
    B 洗手间
    C 超市存包处
    D 银行营业厅

18. A 女的厨艺好
    B 男的要请客
    C 男的很小气
    D 女的讨厌吃辣

19. A 外套和伞
    B 手套和伞
    C 手套和雨鞋
    D 外套和雨鞋

20. A 台阶太高
    B 女的手指破了
    C 担心女的滑倒
    D 女的做过腰部手术

第二部分

第21-45题：请选出正确答案。

21. A 玩具是男的买的
    B 女的看过说明书
    C 男的要联系卖家
    D 玩具飞机还没组装

22. A 教练
    B 演员
    C 商人
    D 公务员

23. A 校长去听课
    B 记不住课文
    C 学生不专心听讲
    D 课堂游戏太无聊

24. A 怎样交话费
    B 哪只股票会涨
    C 换信用卡的程序
    D 套餐什么时候生效

25. A 导演
    B 影迷
    C 知名主持人
    D 节目制片人

26. A 工资高
    B 很轻松
    C 想提高外语水平
    D 想积累销售经验

27. A 他们常常聚餐
    B 男的跟丽丽不熟
    C 丽丽这月初结婚
    D 女的也许不参加婚礼

28. A 地理没过
    B 学号输错了
    C 全班排名第一
    D 没查到物理分数

29. A 买空调
    B 去外地避暑
    C 如何预防感冒
    D 儿子上哪个辅导班

30. A 脖子疼
    B 失眠了
    C 脚扭了
    D 骨折了

31. A 专家鉴定要收费
    B 价值高的藏品不多
    C 带藏品来博物馆的人极少
    D 有人把藏品捐给了博物馆

32. A 不可靠
    B 过于谦虚
    C 非常巧妙
    D 不给收藏者面子

33. A 驾照
    B 推荐信
    C 成绩单
    D 研究生证

34. A 有领导才能
    B 善于与人交往
    C 不会灵活运用知识
    D 未来工作可能不尽力

35. A 那个企业竞争激烈
    B 面试题是老板出的
    C 那名毕业生没被录用
    D 那名毕业生笔试不及格

36. A 业余爱好
    B 个人心情
    C 职业目标
    D 睡眠习惯

37. A 是否工作
    B 收入高低
    C 锻炼次数
    D 家庭关系

38. A 平衡营养
    B 使人放松
    C 扩大交际圈
    D 增强记忆力

39. A 自认倒霉
    B 到处翻找
    C 求助家人
    D 再次购买

40. A 计算损失
    B 去警察局报案
    C 回忆当时的情景
    D 重新看一遍录像

41. A 鞋柜上
    B 抽屉里
    C 窗台上
    D 沙发底下

42. A 没早点儿通知
    B 其他航班照常飞行
    C 航空公司拒绝赔偿
    D 出发地和目的地天气晴好

43. A 刮大风
    B 能见度低
    C 航道附近有雷雨区
    D 降落时航道有低云

44. A 假期太短
    B 教材变动太大
    C 要批改很多作业
    D 总是做重复的工作

45. A 要反复复习
    B 备课时多思考
    C 每届学生的特点不同
    D 要解决好师生间的矛盾

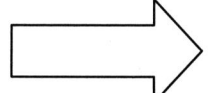

二、阅 读

第一部分

第46-60题：请选出正确答案。

46-48.

安居古城位于重庆安居镇。安居，有安居乐业之意。

安居古城是一座__46__庞大，且极具立体感和层次感的风水古城。城内文物古迹众多，民居院落、宫庙建筑、城墙码头均__47__完好。

走在古城的街上，你既能观看到一些传统美食的制作过程，也能看到民间艺人展露手艺。__48__，湖广会馆的川剧坐唱、龙舞表演，星辉门的县令出巡、武士换岗等表演也十分精彩。所有这些，共同营造出了安居古城浓浓的文化氛围。

46. A 规则　　　　B 气氛　　　　C 规模　　　　D 规矩
47. A 保持　　　　B 遵守　　　　C 保存　　　　D 组成
48. A 此外　　　　B 从而　　　　C 因而　　　　D 从此

49-52.

几乎__49__的动物都有尾巴，它们长短粗细不同，作用也不同，而保持平衡是动物尾巴的主要作用之一。

猫的尾巴能让它在跑跳时保持平衡，即使从高处__50__掉下，它也可以四脚落地，不至于摔倒。袋鼠的尾巴又粗又长，肌肉发达，既能在休息时支撑起它的身体，__51__，又能在跳跃时帮助它跳得更快、更远。鸟的尾巴是它们的方向盘。鸟尾上的羽毛展开时好像一把扇子，能够灵活转动，便于鸟在飞行时平衡身体、__52__速度以及改变方向。

49. A 所有　　　　　B 整个　　　　　C 完全　　　　　D 全面
50. A 热烈　　　　　B 意外　　　　　C 过分　　　　　D 深刻
51. A 当座椅来用　　　　　　　　　B 延长它的寿命
　　 C 帮它观察四周　　　　　　　　D 尾部的力气不够大
52. A 指挥　　　　　B 调整　　　　　C 交换　　　　　D 破坏

53—56．

近日，一所大学的图书馆引进了一种"自助图书杀菌机"，可以"洗"掉图书上的各种细菌。这个机器的外形像一台冰箱，我们只需将书__53__并夹在机器里面的支架上，然后关上门，它就可以开始工作了。透过玻璃窗，__54__。机器在发出紫色光线的同时，有风吹动书页，逐页杀菌。30秒后，机器停止工作。拿出图书后，还能__55__到一股淡淡的清香。

这种杀菌机主要运用了两项技术：一是风动原理，利用吹风给书籍除尘；二是通过紫外线照射，__56__对书籍的消毒。此外，该机器内部还放置了一瓶香水，除尘过程中香味儿会随风带到书页上。

53．A 展开　　　B 启发　　　C 召开　　　D 归纳
54．A 阅读会变得更有趣　　B 能发现书中的错误
　　C 可以选购喜爱的图书　　D 可以看到其工作流程
55．A 瞧　　　B 闻　　　C 吹　　　D 睁
56．A 进步　　B 贡献　　C 导致　　D 实现

57—60．

有一位魔术师善于近距离表演魔术，他在表演时，会让观众靠近他身边观看。一次表演结束后，有观众问："真是太神奇了！我离你这么近，怎么什么都没看出来呢？__57__？"

"我并没有什么神奇的能力，而是你刚才没有看见。"魔术师说。

"没有看见？"那位观众__58__不相信，"我离你那么近，怎么可能没有看见呢？"

"__59__一个人想看清某个东西，会怎么做呢？"魔术师反过来问他。

"会忍不住凑近去看。"观众说。

"可凑得越近，人眼能看到的范围就越__60__。"魔术师说，"而我的魔术表演，就是在你看不到的地方完成的。"

57．A 你少了一个证据吧　　B 表演算是失败了吗
　　C 你到底是怎么办到的　　D 谁想知道魔术的秘密
58．A 公布　　B 主张　　C 表达　　D 表示
59．A 何况　　B 至于　　C 假如　　D 除非
60．A 窄　　　B 软　　　C 丑　　　D 薄

第二部分

第61-70题：请选出与试题内容一致的一项。

61. 《字解中国：这个字，原来是这个意思》是一部有关汉字"身世"的故事书。作者精选了100个汉字，展示了每一个汉字字形的演变过程，并详细讲解了与之相关的古代社会的生活情形、日常礼仪和文化常识，让读者更加深刻、全面地感受中国文化。

    A 该书由政府组织编写
    B 该书重点讲述历史名人
    C 该书讲解了汉字背后的文化
    D 该书受到了读者的广泛好评

62. 彩色沙林是云南省曲靖市的一处旅游胜地，景区内到处都是立体的沙峰。随着光线的强弱变化与阳光照射角度的改变，沙林在不同季节和不同时间，会产生色彩各异的景观。丰富的色彩与多样的造型相结合，使沙林看起来像一幅幅精美的水彩画。

    A 彩色沙林位于河南省
    B 彩色沙林属于人造景观
    C 沙林的景色会随光照改变
    D 沙峰的高度会随季节而变

63. 古代，人们根据马的身高来判断一匹马的好坏，将马分为"高足""中足"和"低足"三个等级，而"高足"就是最好的马。到了现代，"高足"多指他人培养出来的优秀学生，属于敬词，这既是对学生的称赞，也是对培养该学生的老师的敬重。

    A "高足"原指好马
    B "高足"可用来夸大夫
    C "高足"一词现无人使用
    D 古代人按马的体重判断马的好坏

64. "菇娘"是一种野生植物，主要分布在东北的山区及半山区。菇娘果是圆球形的，表面为橙红色或橙黄色。它不仅好吃，还具有一定的药用功效，深受人们喜爱。

    A 菇娘果果皮很厚
    B 菇娘果有药用功效
    C 菇娘分布在沿海地区
    D 吃菇娘果对皮肤不好

65. 如今，中国人的消费方式发生了很大的变化。上网购物不再是新鲜事，手机付款已成为新的时代趋势。2015年的经济数据显示，中国近一半儿的电子商务交易活动都是在手机上进行的。这使得商家不得不及时转变经营模式，通过手机线上销售来吸引更多的顾客。

   A 在线支付存在风险
   B 手机购物越来越普遍
   C 只有年轻人愿意网购
   D 网购比在实体店买便宜

66. 暴雨预警信号是气象部门通过气象监测，在暴雨到来之前发出的信号，目的是提醒人们躲避暴雨，并提前做好预防措施，降低损失。按照灾害的严重性和紧急程度，暴雨预警信号分为四级，分别用蓝色、黄色、橙色和红色表示，其中红色为最高级。

   A 暴雨预警信号百分之百准确
   B 红色暴雨预警信号最为紧急
   C 暴雨预警信号提前一周发布
   D 收到暴雨预警信号必须停工

67. "喷水鱼"这个名字源于它独特的捕食技巧——喷水。喷水鱼的视力很好，一旦看见猎物，比如一些小昆虫，它便会偷偷地游近目标，先瞄准，然后从口中喷出一股水柱，将昆虫打落水中。如果没打中，它会重新瞄准，再喷一次。

   A 喷水鱼的模仿能力很强
   B 喷水鱼经常在岸上活动
   C 喷水鱼能把水喷出一米远
   D 喷水鱼抓昆虫的方式很独特

68. 人需要社交，但不需要无时无刻的社交。因为人在社交场合会格外在乎自己的形象以及别人对自己的看法，因此会把真实的自己隐藏起来，按照别人喜欢的方式处事。如果我们时刻都在意别人的看法和评价，那么我们将很容易失去自我。

   A 成年人应谨慎交友
   B 社交是在浪费生命
   C 社交会让人更有自信
   D 人们社交时很在乎他人的评价

69. 松鼠党是用来形容那些热衷于下载和囤积各种网络资源，并把下载过程看成是最大乐趣的网民。不过，尽管松鼠党忙于囤积与收藏，但他们一般都对资源有一定的鉴别能力，不会盲目地下载和收藏。

   A 松鼠党平常很少外出
   B 松鼠党很享受下载的过程
   C 松鼠党会定期分享下载资源
   D 松鼠党不关心资源是否有用

70. 蓝印花布是汉族传统的工艺印染品，主要产自江苏南通，2006年入选国家非物质文化遗产。蓝印花布最初以蓝草为染料，图案取材广泛，有民间故事和戏剧中的人物，但更多的是由动植物和花鸟组合成的吉祥图案，表达了人们对美好生活的向往。

   A 蓝印花布远销海外
   B 蓝印花布的味道刺鼻
   C 蓝印花布主要产自广东省
   D 有的蓝印花布上印有戏剧人物

第三部分

第71-90题：请选出正确答案。

71-74.

作家梁实秋生活向来很规律，每晚八点准时上床休息，第二天四点起床写作，这是他坚持了多年的习惯。有些朋友不了解他的作息习惯，常常在深夜找他吃夜宵。梁实秋接连赴了几次约，每次都又困又累，而且还影响到了写作。他虽找种种借口拒绝，无奈这些朋友还是一再邀请。

终于有一天，晚上聚餐结束后，梁实秋宣布：为了回报朋友们的热情，自己也要请客，时间就定在第二天。朋友们高高兴兴地答应后，便各自回家睡觉，但他们刚躺下没多久，电话就响了起来，原来梁实秋请大家吃的是早饭，而这时才凌晨四点！这些朋友见到梁实秋后连声抱怨："现在正是做美梦的时候，你这么早请我们吃饭，就算东西再好吃我们也吃不出来味道呀！"梁实秋笑着回答："这回你们知道我吃夜宵的感觉了吧？我决定今后谁再请我吃夜宵，我一定回请他吃早餐。"朋友们听了，都不好意思地笑了。从此，他们再也不请梁实秋吃夜宵了。

71. 关于梁实秋，下列哪项正确？
    A 不吃午餐   B 十分好客
    C 生活很规律   D 晚上睡不着

72. 朋友的热情给梁实秋带来了什么影响？
    A 长胖了   B 消化不良
    C 认识了出版商   D 影响到了写作

73. 朋友们为什么连声抱怨？
    A 早餐不好吃   B 梁实秋迟到了
    C 餐厅离家太远   D 打扰了他们休息

74. 根据上文，可以知道什么？
    A 梁实秋非常孝顺   B 梁实秋缩短了写作时间
    C 梁实秋与朋友们不再来往 D 后来没人再请梁实秋吃夜宵

75-78.

一个冬日的下午,很多公交车站都出现了一个独特的"火炉"。那是一个远远看上去很普通的方形广告牌。可当你靠近它时,就会感觉身体暖和了许多。广告牌上有一个金黄色的大土豆,形象十分逼真。有趣的是,土豆居然是热乎乎的,而且只要用手摸一摸,它还会立即散发出一阵香气。仔细一看,土豆旁边还有一个小按钮,轻轻一按,就会弹出一张优惠券。拿着它,就能以优惠价购买某食品公司的土豆产品。原来这一切,都是那家公司为新产品打的广告。

如何让新产品得到顾客的喜爱呢?这是负责市场推广的凯文一直在思考的问题。一天下班后,他在车站等公交车。由于天气寒冷,大家都在跺脚取暖,凯文也冻得直发抖。此时的他,真希望立即回到温暖的家。可他环顾四周,身边却只有冷冰冰的广告牌。他心想,商家总是想方设法让顾客关注自己的产品,可是为什么就不愿意关心一下顾客,为他们送上温暖呢?

那天的经历让凯文做出一个决定——在公交站台上竖起一个个可以取暖的广告牌。他相信,人们在获得温暖的同时,一定会反过来回报商家。果然,这个广告一经面世便大受欢迎。而那家食品公司的土豆系列产品也因此一下子打开了市场,销量节节攀升。

75. 那个广告牌有什么特点?
   A 能变色　　　　　　　　　B 能供人取暖
   C 远看像火炉　　　　　　　D 会播放动听的音乐

76. 如果按了"土豆"旁边的按钮,可以:
   A 查询路线　　　　　　　　B 给公交卡充值
   C 免费领取零食　　　　　　D 得到一张优惠券

77. 凯文认为商家应该怎么做?
   A 多关心顾客　　　　　　　B 降低商品的价格
   C 关注商品的实用性　　　　D 改善员工的服务态度

78. 根据上文,下列哪项正确?
   A 凯文负责产品设计　　　　B 该广告牌都摆放在地铁口
   C 该广告牌未引起人们注意　D 该公司土豆系列产品很受欢迎

79-82.

也许有人会对笔帽上的小孔感到好奇：为什么要在上面留一个小孔呢？其实，这个小孔是可以救命的。

孩子们很调皮，有时会用嘴叼着笔，这很容易发生误吞笔帽的危险事件。有家机构曾做过一项实验，实验对象就是学生们常用的圆珠笔笔帽。实验人员用一根橡胶管模拟人体呼吸道，将一个顶端无孔的笔帽塞进管中，模拟人不小心吞咽笔帽的情况，然后对胶管充气。结果，橡胶管被堵得严严实实，几乎无气体喷出。然后，实验人员将一只顶端有孔的笔帽塞入另一根胶管中，再次对着胶管充气，结果胶管的另一端有气体喷出。这个实验证明，如果孩子不小心吞下一个无孔笔帽，就有可能带来致命的后果。而笔帽上的这个通气小孔，就是为了防止这样的意外发生。

为了做好安全防护工作，2008年中国制定了多条强制性标准，详细规定了笔帽的尺寸和外形。无气孔的笔帽均被视为不合格产品，禁止生产和售卖。

79. 在实验中，胶管被假设成了：
 A 嗓子　　　　　　　　B 血管
 C 肌肉　　　　　　　　D 呼吸道

80. 关于那个实验，可以知道：
 A 需要用到剪刀　　　　B 以学生为实验对象
 C 发生了强烈的化学反应　D 证明了笔帽上小孔的作用

81. 孩子误吞无孔笔帽会出现什么后果？
 A 中毒　　　　　　　　B 发高烧
 C 无法呼吸　　　　　　D 对胃造成伤害

82. 2008年的标准中规定了什么？
 A 钢笔的生产步骤　　　B 笔帽的大小和外形
 C 各种文具的售价范围　D 圆珠笔的唯一生产厂家

83-86．

雕塑家罗丹年轻的时候曾经跟随名师学习雕塑。一天，老师教学生们如何雕刻植物，只见他手握一把大雕刻刀，一朵玫瑰花很快便雕刻好了。

这时老师有急事要出去一会儿，临走前，他交代学生要好好练习。

老师离开后，罗丹和同桌比赛，看谁雕的玫瑰花又多又好。同桌雕刻了几下，就揉着酸痛的胳膊抱怨道："雕刻花朵，为什么要用这么笨重的大雕刻刀呢？不如换一把小巧的刀。"罗丹立刻阻止他，说："虽然我也感觉用这种刀有些奇怪，但老师既然这样教我们，一定有他的道理，还是不要随便换了。"一个小时后，老师回来了，当他看到正在认真雕刻的学生时，不但没有夸奖他们，反而皱着眉问："你们一直都在用大号的雕刻刀吗？"罗丹连忙点了点头。老师却非常失望地说："刚才我是因为一时找不到小号的雕刻刀，才临时用大号的演示了一遍。因为出门比较急，没来得及和你们说，这是我的错，但大家自己也要懂得变通。"罗丹听后十分惭愧。从那以后，他吸取教训，认真钻研，最终成为了一名伟大的雕刻家。

83．根据第3段，罗丹的同桌提出了什么建议？
  A 询问老师   B 换小号的刀
  C 趁机歇一会儿   D 修改老师的作品

84．老师为什么批评学生？
  A 不知变通   B 课后偷懒
  C 不珍惜石料   D 速度太慢了

85．关于老师，下列哪项正确？
  A 没什么名气   B 不承认自己有错
  C 上课中途有事出去了   D 专门教学生雕刻动物

86．根据上文，可以知道：
  A 罗丹赢了比赛   B 罗丹最后很有成就
  C 罗丹对老师很不满   D 罗丹的同桌胳膊受伤了

87-90.

花儿是现代人生活中必不可少的装饰品。人们利用先进的生物技术培育出了各种美丽的花朵，还常常举办各种赏花活动。那么在古代，人们又是如何种花、赏花的呢？

其实，中国古代很早就有了专门种花和养花的人，他们被称为"种花师"。古代的花卉培养技术相当先进，很多技术沿用至今。比如"催花技术"，即让植物反季节开花，以供人们观赏。唐朝时有一位著名的种花师，名叫宋单父。他很擅长种花，并且培育出了新品种——一种混合了多种颜色的花儿。为此，唐玄宗还给了他丰厚的奖赏。

赏花也是古人必不可少的一种休闲活动。最早的赏花活动是到大自然中欣赏花景，后来逐渐出现了人工培植的花卉和人工花园。隋唐时代，人们已经把赏花当作游玩的一个主要项目。唐代人还有"斗花"的习俗，大家争相拿出奇花异枝，争奇斗艳。到了宋朝，赏花之风更为盛行。从环境的美化、居室的布置，到宴会餐具的摆设、衣饰的佩戴，都离不开鲜花的身影。大型鲜花培育基地更是遍布全国，各地还出现了不同特色的花展。此外，花卉也是各朝诗人创作的主题，或赞美花儿的艳丽，或以花儿来比喻人的品德，很多名篇都流传至今。

87. 关于古人养花，正确的是：
A 主要为了获取食物　　　B 养花技术比较先进
C 养花方法均已失传　　　D 还不能控制开花时间

88. 宋单父为什么得到了奖赏？
A 实现了一花多色　　　B 记录了养花的意义
C 培养了许多种花师　　　D 把唐玄宗的花儿救活了

89. 下列**不属于**宋朝人赏花方式的是：
A 斗花　　　B 佩戴鲜花
C 参观特色花展　　　D 用鲜花美化环境

90. 根据上文，下列哪项正确？
A 古代的鲜花种类单一　　　B 古人常围绕花儿作诗
C 赏花推动了教育的发展　　　D 古代只有富贵人家养花

三、书 写

第一部分

第 91-98 题：完成句子。

例如：发表　这篇论文　什么时候　是　的

这篇论文是什么时候发表的？

91. 很　这个产品的　优势　明显

92. 风险　投资　必须　承担　一定的

93. 人们的　互联网转变了　消费　观念

94. 他的　有点儿　前后矛盾　发言

95. 驾驶　酒后　违法行为　是　一种

96. 陈教授　实习　推荐她　去电台

97. 积极　正在　科学家　地　寻找新能源

98. 多家媒体　报道　都　对此事　进行了

第二部分

第 99-100 题：写短文。

99. 请结合下列词语（要全部使用，顺序不分先后），写一篇 80 字左右的短文。

　　热爱　　养成　　平时　　投入　　逐渐

100. 请结合这张图片写一篇 80 字左右的短文。

试卷五听力材料

（音乐，30秒，渐弱）

大家好！欢迎参加HSK（五级）考试。
大家好！欢迎参加HSK（五级）考试。
大家好！欢迎参加HSK（五级）考试。

HSK（五级）听力考试分两部分，共45题。
请大家注意，听力考试现在开始。

第一部分

第1到20题，请选出正确答案。现在开始第1题：

1. 女：这种植物喜欢阴凉的环境，放在阳台上会被晒死的。
   男：难怪叶子都发黄了，我这就拿进来。
   问：女的是什么意思？

2. 男：你什么时候开始到新单位上班？
   女：人事部上午刚通知，让我国庆节后过去。
   问：女的国庆节后有什么安排？

3. 女：我今天去故宫了，发现墙壁、柱子上，到处都有龙！
   男：那是因为故宫过去是皇帝住的地方，而龙象征着尊贵。
   问：根据对话，下列哪项正确？

4. 男：推荐给你一款特别实用的软件，里面有很多著名大学的公开课。
   女：你推荐得太及时了！我正在找哲学课程呢。
   问：那款软件有什么用途？

5. 女：我寄的包裹怎么被退回来了？
   男：您填写的收件人信息有误，所以投递失败了。
   问：包裹为什么被退回来了？

6. 男：刚跟你打招呼的是商业银行的吴经理吧，你们很熟吗？
   女：之前我办理住房贷款的时候，跟她打过几次交道。
   问：根据对话，下列哪项正确？

7. 女：这篇报道内容上有几处重复了，我建议你删掉多余的部分。
   男：行，我拿回去再改改。
   问：女的建议怎么改？

8. 男：女儿一直想养小兔子，咱们去宠物店给她挑一只？
   女：行啊，她最近这么乖，总是帮忙做家务，是应该奖励一下。
   问：女儿最近表现怎么样？

9. 女：张秘书，王总在办公室吗？有份文件需要他签字。
   男：他正在跟研发部的同事开会，大概三点结束。
   问：王总正在跟谁开会？

10. 男：你去玩儿吧，我不会游泳，在沙滩上躺一会儿就好了。
    女：这边水很浅，下来一起玩儿吧。
    问：男的想怎么做？

11. 女：今年春节我们买几号的票回家呢？
    男：我还在犹豫要不要回，你说干脆让爸妈来北京过年怎么样？
    问：关于男的，下列哪项正确？

12. 男：我觉得这场比赛天津队没有发挥出真实水平。
    女：是的，希望他们接下来调整好状态，不然就进不了决赛了。
    问：关于天津队，可以知道什么？

13. 女：这台电脑怎么输入不了数字了？
    男：是不是数字键盘被锁了？
    问：男的认为问题可能出在哪儿？

14. 男：买这条项链有赠品吗？
    女：有，凭购物小票可免费领取一条丝绸围巾。
    问：如何能得到丝绸围巾？

15. 女：会展中心离酒店挺远的，明天咱们怎么过去？
    男：接待人员让我们八点在酒店大厅集合，等客车来接。
    问：他们明天怎么去会展中心？

16. 男：学校的象棋社在招新，你要加入吗？
    女：当然要啊，小时候我可没少陪爷爷下棋。
    问：女的要参加哪个社团？

17. 女：营业大厅怎么这么多人排队？
    男：自动取款机正在维修，现在只能在柜台办理业务。
    问：他们最可能在哪儿？

18. 男：大家都夸你厨艺很厉害，我都嘴馋了。
    女：欢迎你来我家做客。不过我做的菜比较清淡，不知合不合你口味？
    问：根据对话，可以知道什么？

19. 女：带件外套吧，当心山上冷。
    男：放心，外套早就装进背包里了，伞我也带着呢。
    问：男的带了哪些东西？

20. 男：你的腰刚做完手术，不要搬这么重的东西。
    女：不要紧，这箱子一点儿都不重。
    问：男的为什么阻止女的搬重物？

第二部分

第21到45题，请选出正确答案。现在开始第21题：

21. 女：我在网上给孩子买了个玩具飞机，组装好了但没反应。
    男：你再翻翻说明书，是不是哪一步错了？
    女：我都看好几遍了，完全按上面的步骤装的。
    男：你拿来，我看看。
    问：根据对话，下列哪项正确？

22. 男：这名射击运动员好像很久没参加比赛了。
    女：你不知道吗？他目前担任国家队的教练。
    男：原来如此。
    女：我看新闻说他指导的运动员都很优秀。
    问：那名射击运动员现在从事哪种职业？

23. 女：明天就要上讲台了，我现在特别紧张。
    男：你准备得这么充分，绝对没问题。
    女：要是有个别学生太调皮，不听我讲怎么办？
    男：万一真的这样，你可以做一些课堂游戏来吸引学生的注意力。
    问：女的在担心什么？

24. 男：喂，我想咨询一下，现在改手机套餐的话，什么时候生效？
    女：先生，是从下月初开始。
    男：好的，谢谢。我没别的问题了。
    女：不客气，请您稍后根据语音提示对我的服务进行评分。
    问：男的在咨询什么问题？

25. 女：据说今年的电影节规模不小呢，很多国际著名导演都将作为特邀嘉宾出席本届电影节。
    男：是吗？真想到现场看看。
    女：我也是，希望我们电台能派我去采访。
    男：你可以争取一下嘛。
    问：哪些人是电影节的特邀嘉宾？

26. 男：听小陆说你最近在实习。
    女：对，我在一家外贸公司当翻译。
    男：你是以后想从事外贸方面的工作吗？
    女：不是，我就是想提升一下自己的外语能力。
    问：女的为什么去那家公司实习？

27. 女：丽丽下个月中旬结婚，你收到通知了吧？
    男：收到了，大学毕业后大家就没见过面，正好趁这次机会聚聚。
    女：我下个月要去外地参加培训，不知道能不能赶回来。
    男：你要是实在不能出席，咱们可以改天再聚。
    问：根据对话，下列哪项正确？

28. 男：咱们的物理测验成绩公布了吗？
    女：前些日子就能在校园网上查了。
    男：我查过了，可是没有显示。
    女：你学号多少？我帮你看看。
    问：关于男的，可以知道什么？

29. 女：今年夏天可真热，高温已经持续一周了。
    男：是啊，一场雨都没下，特别闷。
    女：咱们去外地避避暑吧，正好儿子在放暑假。
    男：好啊，那赶紧跟儿子商量一下。
    问：他们要商量什么？

30. 男：大夫，您看，这是我拍的片子。
    女：骨头倒是没事。你脖子疼应该是由错误的睡觉姿势引起的。
    男：对了，我平时睡觉喜欢高一点儿的枕头，跟这个有关吗？
    女：枕头过高会伤到脖子，最好换个低点儿的。
    问：男的怎么了？

第31到32题是根据下面一段话：

有位专家每周都会在博物馆免费为人们鉴定藏品。虽然收藏者带来的藏品不少，但真正有价值的宝贝却不多。很多收藏者会得到专家这样的答复："如果有好价钱，就卖掉吧。"或者是"这件东西制作工艺很精巧，可以留着自己欣赏。"

聪明的收藏者一听就明白自己的藏品价值不高。专家用巧妙的回答表明了真实的意思，既委婉，又不会令收藏者感到尴尬。

31．根据这段话，下列哪项正确？
32．说话人如何评价专家的回答？

第33到35题是根据下面一段话：

一名大学毕业生到企业应聘，他在面试中表现得很好，给几位面试官留下了不错的印象。可当面试官看到这名学生提供的成绩单时，却感到很失望，因为他们发现这名学生大学期间各门功课的成绩基本都刚及格。经过反复讨论，面试官决定不录用这名学生。他们认为，虽然成绩不是最重要的，但却能从侧面反映出一个人做事的态度。从这名学生的成绩来看，他对自己和学业都不够负责。而这样的人，在未来的工作中可能也不会尽心尽力。

33．面试官让那名学生提供了什么？
34．面试官如何评价那名学生？
35．根据这段话，可以知道什么？

第36到38题是根据下面一段话：

一周之内，人们的心情会不断变化。那么，我们的体重是否也会随时间而发生变化呢？

有研究发现，很多成年人的体重往往周末最重，周五最轻。据分析，这种现象的产生与工作有关。周一到周五，人们大部分精力都放在工作上面，不太重视吃饭的问题，体重会略有下降；到了周末，人们为了摆脱工作压力，往往会借助美食来放松自己，因此体重会有所增加。

36．根据这段话，什么会随时间发生变化？
37．根据这段话，成年人的体重变化跟什么有关？
38．享受美食会给人带来什么影响？

第39到41题是根据下面一段话：

东西不见时，很多人的第一反应是立刻四处翻找，但无序的翻找往往效率很低，并且易让人更烦躁。这时，不妨来一次"案件重演"。比如找钥匙的时候，可以先回忆一下自己上次用钥匙的场景：那时你可能刚进家门，跟正躺在沙发上看电视的爸爸打了声招呼，然后你关上门，脱掉鞋子的同时顺手把钥匙放在了鞋柜上……你可以像放电影一样在脑海里重现当时的情景，并试着从细节中寻找线索。这样，东西就好找多了。

39. 东西不见时，多数人会怎么做？
40. 根据这段话，"案件重演"指什么？
41. 在说话人举的例子中，钥匙被放到哪儿了？

第42到43题是根据下面一段话：

航班延误时，人们最常听到的解释就是"由于天气原因"，尽管有时候出发地和目的地的天气都十分晴朗。这难免会令乘客怀疑"天气原因"是航空公司的借口。

事实上，天气原因并非是指天气差，而是指整条航线中某个地方的天气出现了异常。航空飞行领域对天气的判断标准与我们日常的标准不同。飞机起降时不怕大风大雨，影响飞机起降的关键气象因素是能见度及航道附近的低云、雷雨区等。因此，晴朗并不代表飞行意义上的正常天气。

42. 乘客为什么会怀疑天气原因是航空公司的借口？
43. 下列哪项**不是**影响飞机飞行的关键因素？

第44到45题是根据下面一段话：

一位年轻的中学教师抱怨说："咱们的工作太单调了，每年教的东西都差不多，相同的内容一遍又一遍地重复，真没意思。"

旁边一位老教师听见了，说："我教了一辈子书，可从来没觉得单调。每一届学生的特点都不一样，自然教学的过程也不一样，这是一种生动的重复，只有不断地重复和熟悉，你才能更有创造性地去工作。"

生活中，重复的事情有很多，但每一次重复都蕴含着变化，都需要我们用心对待。

44. 那位年轻教师为什么抱怨？
45. 下列哪项属于那位老教师的观点？

听力考试现在结束。

试卷五答案

一、听 力

第一部分

1. C	2. D	3. A	4. A	5. C
6. A	7. D	8. B	9. D	10. C
11. C	12. C	13. B	14. A	15. C
16. B	17. D	18. A	19. A	20. D

第二部分

21. B	22. A	23. C	24. D	25. A
26. C	27. D	28. D	29. B	30. A
31. B	32. C	33. C	34. D	35. C
36. B	37. A	38. B	39. B	40. C
41. A	42. D	43. A	44. D	45. C

二、阅 读

第一部分

46. C	47. C	48. A	49. A	50. B
51. A	52. B	53. A	54. D	55. B
56. D	57. C	58. D	59. C	60. A

第二部分

61. C	62. C	63. A	64. B	65. B
66. B	67. D	68. D	69. B	70. D

第三部分

71. C	72. D	73. D	74. D	75. B
76. D	77. A	78. D	79. D	80. D
81. C	82. B	83. B	84. A	85. C
86. B	87. B	88. A	89. A	90. B

三、书 写

第一部分

91. 这个产品的优势很明显。
92. 投资必须承担一定的风险。
93. 互联网转变了人们的消费观念。
94. 他的发言有点儿前后矛盾。
95. 酒后驾驶是一种违法行为。
96. 陈教授推荐她去电台实习。
97. 科学家正在积极地寻找新能源。
98. 多家媒体都对此事进行了报道。/ 对此事多家媒体都进行了报道。

第二部分

（略）

汉语水平考试 HSK（五级）答题卡

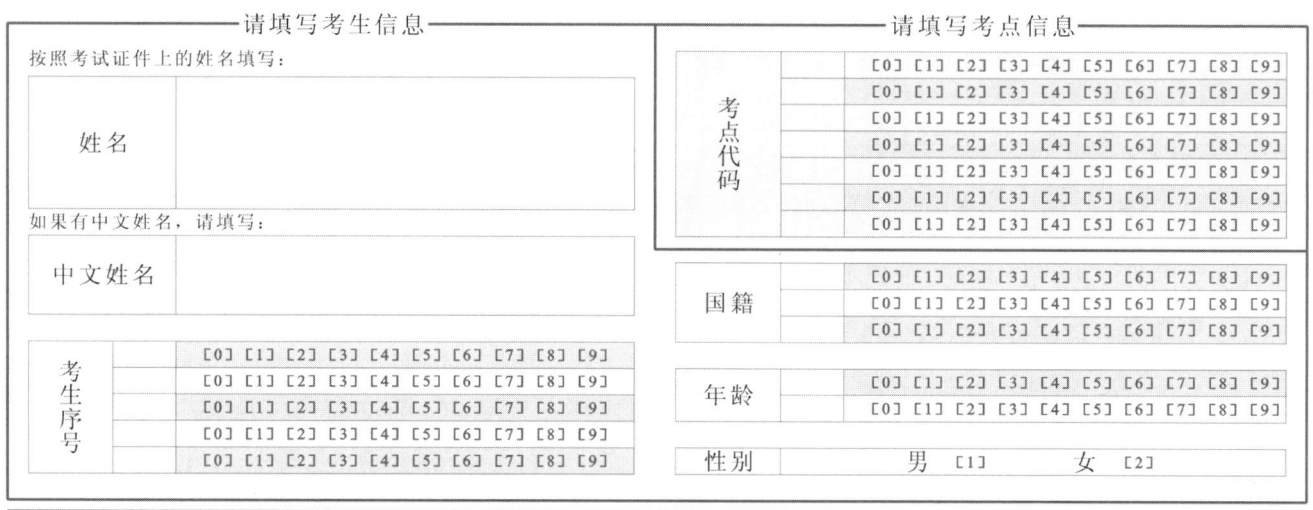

注意　请用2B铅笔这样写：■

一、听力

1. [A] [B] [C] [D]　　6. [A] [B] [C] [D]　　11. [A] [B] [C] [D]　　16. [A] [B] [C] [D]　　21. [A] [B] [C] [D]
2. [A] [B] [C] [D]　　7. [A] [B] [C] [D]　　12. [A] [B] [C] [D]　　17. [A] [B] [C] [D]　　22. [A] [B] [C] [D]
3. [A] [B] [C] [D]　　8. [A] [B] [C] [D]　　13. [A] [B] [C] [D]　　18. [A] [B] [C] [D]　　23. [A] [B] [C] [D]
4. [A] [B] [C] [D]　　9. [A] [B] [C] [D]　　14. [A] [B] [C] [D]　　19. [A] [B] [C] [D]　　24. [A] [B] [C] [D]
5. [A] [B] [C] [D]　　10. [A] [B] [C] [D]　　15. [A] [B] [C] [D]　　20. [A] [B] [C] [D]　　25. [A] [B] [C] [D]

26. [A] [B] [C] [D]　　31. [A] [B] [C] [D]　　36. [A] [B] [C] [D]　　41. [A] [B] [C] [D]
27. [A] [B] [C] [D]　　32. [A] [B] [C] [D]　　37. [A] [B] [C] [D]　　42. [A] [B] [C] [D]
28. [A] [B] [C] [D]　　33. [A] [B] [C] [D]　　38. [A] [B] [C] [D]　　43. [A] [B] [C] [D]
29. [A] [B] [C] [D]　　34. [A] [B] [C] [D]　　39. [A] [B] [C] [D]　　44. [A] [B] [C] [D]
30. [A] [B] [C] [D]　　35. [A] [B] [C] [D]　　40. [A] [B] [C] [D]　　45. [A] [B] [C] [D]

二、阅读

46. [A] [B] [C] [D]　　51. [A] [B] [C] [D]　　56. [A] [B] [C] [D]　　61. [A] [B] [C] [D]　　66. [A] [B] [C] [D]
47. [A] [B] [C] [D]　　52. [A] [B] [C] [D]　　57. [A] [B] [C] [D]　　62. [A] [B] [C] [D]　　67. [A] [B] [C] [D]
48. [A] [B] [C] [D]　　53. [A] [B] [C] [D]　　58. [A] [B] [C] [D]　　63. [A] [B] [C] [D]　　68. [A] [B] [C] [D]
49. [A] [B] [C] [D]　　54. [A] [B] [C] [D]　　59. [A] [B] [C] [D]　　64. [A] [B] [C] [D]　　69. [A] [B] [C] [D]
50. [A] [B] [C] [D]　　55. [A] [B] [C] [D]　　60. [A] [B] [C] [D]　　65. [A] [B] [C] [D]　　70. [A] [B] [C] [D]

71. [A] [B] [C] [D]　　76. [A] [B] [C] [D]　　81. [A] [B] [C] [D]　　86. [A] [B] [C] [D]
72. [A] [B] [C] [D]　　77. [A] [B] [C] [D]　　82. [A] [B] [C] [D]　　87. [A] [B] [C] [D]
73. [A] [B] [C] [D]　　78. [A] [B] [C] [D]　　83. [A] [B] [C] [D]　　88. [A] [B] [C] [D]
74. [A] [B] [C] [D]　　79. [A] [B] [C] [D]　　84. [A] [B] [C] [D]　　89. [A] [B] [C] [D]
75. [A] [B] [C] [D]　　80. [A] [B] [C] [D]　　85. [A] [B] [C] [D]　　90. [A] [B] [C] [D]

三、书写

91.

92.

93.

94.

不要写到框线以外！　　　　95-100题接背面

汉语水平考试 HSK（五级）答题卡

95.

96.

97.

98.

99.

100.

不要写到框线以外！